Prägende Köpfe aus dem Südwesten, Band 4

Hrsg. von Peter Steinbach und Reinhold Weber

D1722776

Mathilda Planck

Mathilde Planck
Für Frieden und Frauenrechte

Mascha Riepl-Schmidt

DRW-Verlag

Leinfelden-Echterdingen
www.drw-verlag.de

Für Stefan –
für wen denn sonst!

Einbandabbildung: Mathilde Planck als Landtagsabgeordnete, aufgenommen Mitte der 1920er Jahre

Abbildung S. 2: Mathilde Planck als fünfunddreißigjährige Lehrerin auf einer Fotovorlage zu einem Ölgemälde von Adelheid Scholl. Das Gemälde, das 1895/96 entstanden ist, hängt heute in der Mathilde-Planck-Schule in Ludwigsburg.

© 1. Auflage 2009 DRW-Verlag Weinbrenner GmbH & Co. KG,
Leinfelden-Echterdingen
Lektorat: Isabella Eder
Einbandgestaltung: post scriptum, www.post-scriptum.biz
Satz: Annett Rücker, DRW-Verlag
Druck: Offizin Chr. Scheufele, Stuttgart

ISBN 978-3-87181-715-1

Inhaltsverzeichnis

Prolog

Gedächtnisorte für Mathilde Planck
29.11.1861–31.7.1955

Ein überliefertes Lebenszeichen Mathilde Plancks ist mir wissentlich zum ersten Mal vor rund zwanzig Jahren begegnet. In einer Anthologie zur Geschichte des Friedensengagements von Frauen wurde auf ihre wohl heute noch bekannteste historische Tat hingewiesen. Sie hatte zusammen mit Frida Perlen bei Ausbruch des Ersten Weltkrieges am 3. August ein Telegramm an Kaiser Wilhelm II. gesandt und ihn aufgefordert, den Krieg zu vermeiden. Frida Perlen war die Vorsitzende des Stuttgarter Ortsvereins der »Internationalen Frauenliga für Frieden und Freiheit«, IFFF, die parteiübergreifend Frauen im Kampf gegen den Krieg vereinte, und ihre Mitstreiterin war die Vorsitzende des württembergischen Zweigvereins der »Deutschen Friedensgemeinschaft«. Diese »Wahnsinns«geste im Klima der vaterländischen Kriegseuphorie zog mich magisch an. Über diese Frauen wollte ich mehr wissen.

Bei Frida Perlen war das Auffinden von Lebensdaten fast unmöglich. Sie war 1933 nach dem Verbot der IFFF durch die Nationalsozialisten emigriert und danach hat sich ihre Spur verloren. Im Falle Mathilde Plancks war das Aufspüren von biographischen Hintergründen aber auch nicht einfach. Im Stadtarchiv Stuttgart gab und gibt es natürlich Hinweise auf Mathilde Plancks Tätigkeit als Landtagsabgeordnete, und selbstverständlich ist ihr Auftauchen in der regionalen Presselandschaft belegt.

Aber da der bisher nicht edierte, dort befindliche maschinenge-
schriebene Text »Erinnerungen an Mathilde Planck« fälschlicher-
weise der Dichterin Therese Köstlin, 1877–1964, zugeschrieben
wurde – mit ihr war sie eng befreundet gewesen –, kam ich der
eigentlichen Schreiberin nicht sofort »auf die Schliche«. Das
handgeschriebene Original in der Handschriftenabteilung der
Württembergischen Landesbibliothek in Stuttgart kann jedoch
unter dem Titel »Lebensgang mit Umwegen« eingesehen werden, und deshalb konnte ich eins und eins zusammenzählen

Großes Familientreffen in Nürtingen im Jahr 1926: Mathilde Planck ist in der mittleren Reihe als neunte von links zu sehen.

und die beiden Quellen miteinander verknüpfen. Bis vor kurzem war auch der in der Landesbibliothek befindliche Nachlass von Mathilde Planck nur als »Anhang« des Nachlasses des Vaters Karl Christian Planck verzeichnet. Eine Abkoppelung ihrer Hinterlassenschaft, die durch weitere Dokumente aus dem Familienbesitz ergänzt worden ist, wird derzeit erstellt.

Des Weiteren ist im Hauptstaatsarchiv Stuttgart ein kleiner Fundus persönlicher Daten in den Nachlässen anderer »frauenbestrebter« Mitstreiterinnen einzusehen – dieser Zugang ver-

langt jedoch viel Sachkenntnis ihres Umfeldes. Im Staatsarchiv
Ludwigsburg, das für die Personalakten der öffentlich Beschäf-
tigten Württembergs zuständig ist, befinden sich dagegen keine
Unterlagen. Bei der Bausparkasse Wüstenrot in Ludwigsburg,
die Mathilde Planck 1921 mitbegründete, kannte man die »Ge-
burtshelferin« vor zwanzig Jahren nicht mehr, war sie doch nur
ein vergängliches Beispiel für ein »Gruppenbild mit Dame«.
Doch seitdem ein aus mehreren Mitarbeiterinnen bestehender
»Arbeitskreis Chancengleichheit« die Erinnerung an Mathilde
Planck lebendig hält, hat sich dies geändert. Im Wirtschaftsarchiv Baden-Württemberg in Schloss Hohenheim liegen zudem
einschlägige Unterlagen und Beweise für das Einmischen der
»Dame« Planck in diese ansonsten männlich bestimmte Fir-
mengeschichte. Aber auch die geistigen ›Kinder‹ der Planck,
ihre Bücher und Vorträge, zeugen von ihrer Existenz und geben
reichlich interpretatorisches ›Futter‹.

Mathilde Plancks von Männern beschattete Geschichte er-
fuhr noch eine andere Ausweitung: Bei Fragen und Recherchen
zu ihrer Person erfolgte fast überall die Gegenfrage nach dem
Nobelpreisträger Max Planck. Dass beide in den großen Familienverband der württembergischen Plancks gehören, stand bald
fest. Die in ihrer Zeit regional wohlbekannte Mathilde und ihr
weltberühmter Vetter haben den gemeinsamen Ur-Urgroßvater
Georg Jakob Planck, 1726–1791, der Stadtschreiber in Nürtingen
gewesen war. Der wiederum hatte vier Söhne, und die begründeten die vier ›Stämme‹ der Plancks, die allerdings heute nicht
mehr alle existieren.

Und dann hatte ich das Glück, eine der Großnichten von
Mathilde Planck kennenzulernen: Die Bildhauerin Angelika
Wetzel-Planck, die den Familiennachlass und die Erinnerung an

ihre Lieblingstante akribisch bewahrt. Ohne sie wäre das Schreiben dieser Biographie, deren Anspruch es ist, in Wort und Bild das Lebenspuzzle der Lehrerin, der Redakteurin, der »frauenbestrebten« Netzwerkerin, der Friedensfrau und Politikerin Mathilde Planck in einem genderorientierten Zeitkolorit neu zusammenzufügen, weniger gut möglich gewesen. Ihr und den anderen mir hilfreichen Familienmitgliedern danke ich deshalb für das Überlassen zahlreicher Hinweise auf das Plancksche Familienpanoptikum sehr herzlich.

Eine Auswahl der mir zur Verfügung stehenden ›Gedächtnisorte‹ war jedoch unumgänglich. Die Quellen sollten lebendig erzählen und subjektive Nähe vermitteln. Deshalb sind mir die im vorliegenden Buch ausführlich abgedruckten Zitate der Protagonistin und der Zeitzeuginnen überaus wichtig – sollte doch dieser Lebensbericht so ›authentisch‹ wie möglich sein.

Die von mir ausgewählten Zeitzeuginnen sind die Weggenossinnen Klara Hähnle, 1882–1949, die lange Studienrätin in Esslingen war und den Vorstand des »Württembergischen Lehrerinnenvereins« von 1920 bis 1933 und von 1946 bis 1948 innehatte, und Klara Nestle, 1891–1981, die dreißig Jahre jüngere Lehrerin und Verlagsbuchhändlerin, Mitglied in der Karl-Christian-Planck-Gesellschaft und langjährige Kustodin der Karl-Christian Planck-Stube im Heimatmuseum Blaubeuren. Als Betrachterin aus einer weniger ›parteilichen‹ Sicht kommt schließlich die Journalistin, Autorin und Politikerin Anna Haag, 1888–1982, hinzu, die ab 1919 Mitglied in der IFFF und nach 1945 langjährige Abgeordnete der SPD im Landtag Baden-Württemberg gewesen ist.

Unter den Familienmitgliedern sind es Clara Mayer-Bruckmann und Angelika Wetzel-Planck, die als ›Sprachrohr‹ der fa-

miliären Erinnerung in Erscheinung treten. Clara Mayer-Bruck-
manns Urgroßmutter war eine Planck gewesen. Ihre Erinnerungen hatte sie 1961 in der Gedenkfeier in der Karl-Christian-
Planck-Gesellschaft anlässlich des hundertsten Geburtstages
von Mathilde Planck im Saal des »Deutschen Frauenklubs« in
Stuttgart vorgetragen. Angelika Wetzel-Planck ist eine der Enke-
linnen von Mathildes Bruder Reinhold. Sie stellte ihren mit der
Großtante autobiographisch-biographisch verknüpften Rückblick bei einer Feier zum fünfzigsten Todestag von Mathilde
Planck im Jahr 2005 in Ludwigsburg vor, die von den »Liberalen
Senioren« Ludwigburg veranstaltet worden war.

In Ludwigsburg ist Mathilde Planck am deutlichsten präsent:
Sie ist seit 1992 die Namenspatronin des Haus- und Landwirt-
schaftlichen Schulzentrums auf dem Römerhügel. Hier konnte
die von Elsbeth Stockmayer 1958 geschaffene Mathilde-Planck-
Büste nach einigen Irrwegen wieder aufgestellt werden, und
hier gibt es auch Informationsmaterial und Bilddokumente.
In Lörrach ist die bisherige Hauswirtschaftsschule in der Win-
tersbuckstraße 5 im Frühjahr 2008 in Mathilde-Planck-Schule
benannt worden. In Stuttgart, der Stadt, in der Mathilde Planck
über fünfzig Jahre gelebt und gewirkt hat, gibt es zwar eine
Planckstraße, aber sie ist – wie die in Ludwigsburg – nach dem
Vater Karl Christian Planck benannt.

Wieder lebendig geworden ist der Name Mathilde Planck
passenderweise seit rund fünfzehn Jahren in Programmen für
Frauenförderkonzepte: dem Mathilde-Planck-Promotionspro-
gramm des Wissenschaftsministeriums Baden-Württemberg
und durch Seminare im Mathilde-Planck-Programm für FH-
Professorinnen der Landeskonferenz der Frauenbeauftragten
an Fachhochschulen in Baden-Württemberg.

Das Verstelltsein von Männern, das Vergessensein in der historischen Aufarbeitung – das war lange Zeit das Schicksal Mathilde Plancks. Das Auffinden und Sichtbarmachen war aber nicht nur durch das schwindende Interesse und die mangelnde Überlieferung erschwert, sondern auch durch die Irreführung der zahlreich existierenden Namensbasen, die bei der Recherche in alten Stuttgarter Adressbüchern für Verwirrung sorgen und selbst auf dem Stuttgarter Pragfriedhof in zweifacher Ausführung mit ihrem Grabstein das ›richtige‹ Grab von Mathilde Planck umrahmen. Es sind zumeist entferntere Basen, die für unsere Mathilde aber nicht so weit entfernt waren, wie für uns heute. Jedenfalls wusste sie von allen. Wiederholt wurde sie selbst von Bekannten angesprochen, die vermeintlich ›ihre‹ Todesanzeige gelesen hatten und sich über diesen Irrtum erbosten. Die Reaktion Mathilde Plancks soll dabei nicht weiter erstaunt gewesen sein: Sie meinte nur, dass es sich um keinen Irrtum handle. Es betreffe nur nicht sie. Als ihr dieser Irrtum im Laufe ihrer späten Jahre dreimal präsentiert worden war, soll sie gesagt haben: »Wenn ihr's zom nächstemal leset, dann ist's wahr.«

Für Frieden und Frauenrechte

»Mir ist im Leben nie mehr ein Mensch begegnet mit einer so wundervollen Gelassenheit, Ruhe und Ausgeglichenheit, mit solcher Liebeskraft und Hilfsbereitschaft wie bei dieser seltenen Frau.«

Clara Mayer-Bruckmann, 1961

Die Lebenszeit Mathilde Plancks kann als großer chronologischer Bogen bezeichnet werden: Er führt aus den festgefügten

familiären und gesellschaftlichen Beziehungen, die das ›alte‹ Kö-
nigreich Württemberg des 19. Jahrhunderts prägten und charak-
terisierten, über unsäglich brutale, kriegerische Umwälzungen,
die ganz Europa und die Welt erschütterten und veränderten,
in das ›neue‹ Deutschland nach 1945 – in eine Gesellschaft, die
nach dem Ende des Zweiten Weltkrieges und der unbeschreib-
lichen Gräuel des Holocaust erst ihren Weg in demokratische
Verhältnisse finden musste.

Diese Lebenszeit zeigt aber auch auf, was in einem Frauen-
leben schwierig oder glücklich sein musste und konnte. Als un-
verheiratete Frau entsprach Mathilde Planck nicht dem tradier-
ten idealisierten Lebensmodell der Ehefrau und Mutter. Dass sie
mit diesem Schicksal gehadert hätte, ist in ihrem schriftlichen
Nachlass nirgends auch nur andeutungsweise zu finden. Auch
in den Erinnerungen der Nachfahren, die sie kannten und im
Familienverband erlebten, gibt es über sie keine Hinweise auf
ein schwer getragenes Gefühl eines möglichen Defizits.

Im familiären Rahmen einer gebildeten Lehrer- und Pfar-
rersfamilie, die in die ganz Württemberg überspannende
Planck'sche Großfamilie eingebettet war, war diese schüchterne
und trotzdem aufmüpfig mutige, weibliche Planck ein Rädchen
im Apparat einer männlich geprägten württembergischen Intelligenz, die in liberaler Aufgeschlossenheit wertkonservative
Inhalte bewahrte und trotzdem notwendige gesellschaftliche
Aufbrüche ankurbelte und bewegen half.

Im Vorwort zu ihrem Lebensrückblick »Lebensgang mit Umwegen«, den sie im Alter von über neunzig Jahren zu schreiben
begann, war sie sich nicht einmal sicher, ob ihre Niederschrift
für die Nachwelt von besonderem Wert sei. Aber immerhin hat
sie über diese Wirkung nachgedacht: Realistisch denkend und

bescheiden agierend, war sie sich im Grunde der Erfolge bewusst, die der Kampf um die Gleichberechtigung der Frau gerade in den neun Dekaden ihres Lebens erzielte – dank auch ihrer unablässigen Mitwirkung. Aufzeichnungen hatte sie während ihres Lebens keine gemacht, sodass sich in ihrem Rückblick nolens volens auch chronologische Ungereimtheiten auftun, die jedoch die altersmilde Innerlichkeit und die bildungsromanhafte Stimmigkeit ihrer Lebensrückschau nicht beeinträchtigen. Sie formuliert wichtige Etappen ihres Lebens und deren (frauen-)politische Zusammenhänge und erweitert damit den marginalen Stellenwert der in der traditionellen Geschichtsschreibung kaum dokumentierten Frauenkulturgeschichte.

Ihres Auftrags war sie sich bewusst. Auf der ersten Seite der Erinnerungen schreibt sie: »Wenn ich trotz meiner Bedenken ein an sich wenig bedeutendes Leben wiederzugeben suche, so geschieht es deshalb, weil mir ein Auftrag geworden ist, der weit über dieses Leben hinausreicht, ein für mich allzu großer Auftrag, den ich trotz des Bewusstseins, ihm nicht gewachsen zu sein, einfach übernehmen musste, scheinbar auf Umwegen, aber doch Schritt für Schritt bin ich zu diesem Auftrag hingeführt worden. So ist das, was ich in diesen Blättern wiederzugeben versuche, eher die Geschichte einer inneren Entwicklung, zu der freilich das äußere Erleben, sowohl das persönliche als das allgemein geschichtliche, das Seinige beigetragen hat.«

Diesem »Lebensgang« soll hier nachgespürt werden. Ihre eigene dargelegte Entwicklung ist dabei der rote Erzählfaden, heutige historische Erkenntnisse über gesellschaftliche Beziehungen und Interaktionen ihrer Zeit der biographische Rahmen.

Die Familie: »Kinderland« und »Haustochterdasein«

»Mein Gedächtnis hat natürlicherweise abgenommen, so daß nur von den Kindheits- und Jugendjahren ein einigermaßen anschauliches und farbiges Bild gezeichnet werden kann.«
Mathilde Planck, Lebensgang mit Umwegen, 1955

Johanna Friederike Mathilde Planck wurde am 29. November 1861 in Ulm, in der Büchsengasse 359, geboren. Sie war das vierte Kind von Auguste, geb. Wagner, 1834–1925, deren Mutter auch eine geborene Planck gewesen war, und Karl Christian Planck, 1819–1880, ihrem Vetter. Er war als Theologe und Altphilologe damals Lehrer am Ulmer Gymnasium und dann am Evangelisch-theologischen Seminar in Blaubeuren, bevor er in seinen beiden letzten Lebensjahren das Ephorat – das Amt des Seminarleiters – in Maulbronn innehatte. Die älteren Geschwister waren die im Jahresabstand geborenen Kinder Karl, 1857, Marie, 1858 und Adelheid, 1860. Mathilde wuchs mit ihren dann sechs Geschwistern – 1866 war Reinhold und 1868 Hermann geboren worden – zuerst eher beengt in verschiedenen Wohnungen in Ulm und ab 1869 in Neu-Ulm auf. Von 1869 bis 1878 lebte die Familie dann in Blaubeuren endlich in einem geräumigen Haus, das von ihr allein bewohnt wurde. Hier waren ein eigener Garten und der Klosterhof der beliebteste Spielplatz der Kinder. Blaubeuren ist auch der Geburtsort der 1873 geborenen Schwester Clara. Zwei Jahre nach dem Amtswechsel des Vaters und dem Umzug nach Maulbronn im Jahre 1880 starb der Vater in

der Psychiatrischen Klinik von Dr. Albert Zeller in Winnenthal
– ein Jahr nach seiner Mutter. Er wurde im Grab auf dem Stuttgarter Pragfriedhof begraben, das er für sie ausgesucht hatte
und das inzwischen das Familiengrab dieses Planck'schen Fa-
milienstrangs geworden war.

Beim Tod des sechzigjährigen Vaters war Mathilde Planck
achtzehn Jahre alt, und spätestens mit dem bald darauf folgenden Umzug nach Stuttgart war damit ihr »Kinderland« endgül-
tig verloren. Trotzdem war laut Mathilde Planck »Stuttgart für
uns ältere Kinder keine ungünstige Stelle. Vaters lieber gütiger
Vetter Max Planck, damals Rektor des Karls-Gymnasiums, das
meine Brüder Reinhold und Hermann besuchten, nahm sich
wohl besonders ihrer an.«

Doch der Reihe nach: Als das »Thildele« 1866 mit fünfein-
halb Jahren in Neu-Ulm zur Schule kam, war sie verträumt,
zerstreut und am Anfang keine gute Schülerin. Sie konstatier-
te in ihren Erinnerungen: »Aber nicht alles war schön in unserem Kinderland. Da war das Stricken, das einem nicht früh
genug beigebracht werden konnte und dem an keinem Tag in
der Woche zu entgehen war.« Und als Referenz an ihre eigenen Schwierigkeiten: »Man sollte bei Kindern, die in dem einen
oder anderen Punkt versagen, die Geduld und die Hoffnung auf
einen späteren Ausgleich nicht aufgeben.«

Ihre Großnichte Angelika Wetzel-Planck bezeichnet sie heute als »die schriftgewandteste der Familie« mit einer großen
Begabung auch im Zeichnen und Malen. Zu ihrer energisch
regelmäßigen Schrift fand sie allerdings erst – unterstützt von
ihrer Lehrerin Fräulein von Prieser – in ihren Zwanzigerjahren:
»Hören Sie mal«, so die Institutsleiterin, »mit der Handschrift
geht es nicht. Sie müssen sich eine andere angewöhnen. Und

dann ging es auf einmal.« Vorher fühlte sie sich unfähig, am Durcheinanderfallen ihrer ungelenken Buchstaben etwas zu ändern.

»So kennen wir sie: Wie ihre Schriftzüge einfach steil und fest stehen, gesättigt von Kraft, auf das Bewußtsein des Rechts gegründet, so steht sie vor uns in dem Jahrzehnt vor dem Krieg, als Bürgerin eines Reichs des Geistes, das manchen Praktikern unverständlich und töricht erschien, das aber fest in sich gegründet ist, und seine Bürger mit dem Gefühl der Kraft und Freudigkeit erfüllt und sie über die Unebenheiten des täglichen Lebens wegträgt, denn die Idealistin ist viel näher der Wirklichkeit, als die, die nur den Tagesbetrieb sehen.«

Klara Hähnle, 1941

Ihre ersten Kriegserlebnisse hat die Neunjährige 1870 und berichtet vom Charpiezupfen. (Da das heutige Verbandsmaterial noch nicht existierte, wurden Leinen- und Baumwollstoffe zerrissen und zu einem mullartigen Material zusammengedrückt.) Anlässlich des deutschen Sieges gegen die Franzosen und der damit verknüpften Gründung des Deutschen Reiches ist sie damals noch ganz deutschnational kriegerisch eingestellt: »Natürlich freuten wir uns auch über die Siegesfeiern, bei denen jedes Haus seine Fenster mit kleinen Flämmchen garnierte, und Vater schaffte eine schwarzrotgoldene Fahne an, für deren Wahl als neue Reichsflagge er auch öffentlich (in der Augsburger Allgemeinen Zeitung) eingetreten ist.« Aus der Euphorie für Kriege sollte jedoch später die Kriegsvermeidung zu ihrem obersten Ziel werden.

Mathilde Plancks Schulbildung blieb auf die Volksschule beschränkt. Sie meinte, dass sie gute Lehrer hatte: »Im Deutschen und im Rechnen brachten wir es sogar weiter, als es damals in den Höheren Mädchenschulen üblich war. Französisch, Englisch, Geschichte, Kirchengeschichte, Geographie und noch einiges wurde daneben und nachher teils im Fortbildungsunterricht, teils durch Privatstunden gelernt.« Sie hatte einen großen Lesehunger und widmete sich den Klassikern im häuslichen Bücherschrank ohne besondere Anleitung. Der Vater las manchmal abends vor: den Hamlet, Goethe, Jean Paul. Sie sollte ihr ganzes Leben lang Schiller, Uhland, Mörike, Rilke und vor allem Shakespeare – in der Originalversion – lieben. Mit ihren Geschwistern studierte sie in Blaubeuren Theaterstücke ein. Für ihre Auftritte nahmen sie ein kleines Eintrittsgeld, das sie im Pfarramt für die Armen abgaben. »Meine älteren Geschwis-

Konfirmationsbild der 14-jährigen Mathilde Planck, aufgenommen um 1876

ter sagten damals, die Phantasie sei bei mir stärker als der Verstand.« Sie hatte Sehnsucht nach Großem und Bedeutendem, ohne noch einen Weg zu ahnen.

Wie für Mädchen in jener Zeit allgemein üblich, hörte der Schulbesuch mit der Konfirmation auch für das vierzehnjährige Mädchen auf. Es blieb ihr danach ein Fortbildungsjahr mit dem Besuch einer Nähschule: »Damals wäre ich viel lieber ein Bub gewesen. Da wäre das Leben nach der Konfirmation ohne einen schmerzlichen Einschnitt weitergegangen.«

Die Großeltern mütterlicherseits, bei denen sie vierjährig fast ein ganzes Jahr verbracht hatte und deren Blumengärtchen sie hatte pflegen dürfen, waren beide gestorben, als sie zehn Jahre alt war. Dies war die erste große Trauer in ihrem Leben. Alljährlich hatte die Mutter außerdem einige Wochen mit dem Kind bei ihren Eltern verbracht. Besonders mit dem Großvater, der bei Mathildes Aufenthalt Pfarrer in Wendelstein bei Nürnberg gewesen war, bestand eine besondere, liebevoll zärtliche Freundschaft. Auch die Mutter litt unter diesem Verlust und erkrankt immer öfter. Deswegen führte besonders nach dem Tod des Vaters die »Haustochter« Mathilde jahrzehntelang den mütterlichen Haushalt – seit 1880 in Stuttgart, im Umfeld naher Verwandter. Sie wagte keine Weiterbildung wie die willensstärkeren Schwestern, weil sie den Haushalt und die Betreuung der drei kleineren Geschwister übernehmen musste. Außerdem bedeutete Claras Erkrankung an einem Herzleiden eine zusätzliche Belastung für die junge Mathilde. Nach vielem Umsorgen und intensiver Pflege starb die kleine Schwester 1892. »Ich bin in dieser Zeit nicht gerade glücklich gewesen«, betonte Mathilde Planck im Rückblick und bemängelte, dass ihr »familiärer Einsatz auch von den Geschwistern als selbstverständlich erachtet« wurde.

Die Schwestern Mathilde und
Adelheid Planck, aufgenommen
um 1885

Doch auch freudige Ereignisse bedeuteten viel Arbeit und
kräftezehrende Mühen. Trotz ihres eigenen Examens, das Mathilde 1887 vorbereitete und bestand, hatte sie in den »Sommerferien« zwei Hochzeitsvorbereitungen für den Bruder Karl und
seine Braut Thusnelda Gaupp sowie für die Schwester Adelheid
und deren Bräutigam, dem Theologen Karl List, zu leisten. Unter anderem nähte sie deren Aussteuer – mit der Hand – und
freute sich, dass sie fast im Akkord die Knopflöcher der gesamten Bettwäsche fertigen konnte und dabei immer geschickter
wurde: »Ich war zu dieser Zeit sehr leistungsfähig, und die viele Arbeit hat mir nicht geschadet. Ich bin überzeugt, daß das
Glücksgefühl, das mich beseelte, nach Herzenslust lernen zu
dürfen, mit die Ursache meiner körperlichen Leistungsfähigkeit war.«

Beide Eltern lebten Mäßigkeit, Disziplin und Anspruchslosigkeit vor. Dabei beschrieb die Tochter die Mutter als haushäl-

terisch, impulsiv und streng im Alltag – dies nicht von Grund
auf –, außerdem als schön, uneitel und zumeist allen modischen
Zwängen, Korsett und Krinolinen abhold – was das lebenslange
»Rebellieren gegen die Mode« auch bei der Tochter unterstützte. Den Vater charakterisierte sie als Autoritätsperson, den die
Kinder auch fürchteten. Sie empfanden eine gewisse Scheu ihm
gegenüber, die aber mit großem Vertrauen auf sein großherzi-
ges Tolerieren verbunden war. Und vor allem: Die Eltern liebten
einander ein ganzes gemeinsames Leben lang.

In der Familie wurde das freiheitlich national-demokrati-
sche Gedankengut der deutschen Märzrevolution von 1848/49
hochgehalten: Ein Erziehungsansatz beider Eltern war, dass die
Kinder nicht kritiklos mit der Menge gehen sollten, sondern in
einem eventuell auch zu ertragenden Außenseiterschicksal Vorbild für das Rechte und Gute zu sein hätten. Und das »Rechte«
war im Prinzip auch, dass jedes der Kinder einen Beruf ausüben
können sollte. Dass die Tochter Mathilde lange Zeit an einer
außerhäuslichen Berufsmöglichkeit gehindert wurde und sich
für die Familie aufopfern musste, war sicher durch den frühen
Tod des Vaters, durch die Entscheidung der Mutter, die auf sie
gefallen war, aber auch in der fürsorglichen Bereitschaft dieser
Tochter begründet, das familiäre Gleichgewicht nach diesem
herben Einschnitt zu bewahren. Denn nicht nur die Eltern erzo-
gen hier die Kinder: Die sieben Geschwister waren in großem
Maße von einander abhängig und bildeten untereinander das
eigentliche Zuhause. Auch das Lernen war ihre ureigene Sache:
»Die Eltern hatten uns drei Mädchen die Verantwortung für unser Lernen von Anfang an allein aufgebürdet. Wir wurden nicht
täglich aufs neue angehalten, unsere Pflicht zu tun. Dies wurde
einfach vorausgesetzt und gelegentliches Versäumnis scharf ge-

tadelt. Ich war durch dieses Verhalten der Eltern auch schon so weit gebracht, daß ich es als Schuld empfand, wenn ich in der Schule nicht mitkam.«

Der Familie blieb Mathilde immer stark verbunden und teilte sich auch noch viele Jahre lang den Haushalt und die Wohnung mit der Schwester Marie und der Mutter in unterschiedlichen Wohnungen in Stuttgart, bevor die »Ephoratswitwe« – so war sie in den Stuttgarter Adressbüchern verzeichnet – aufs Land nach Bronnweiler, dann nach Korntal zog und nur noch einmal kurz in Stuttgart wohnte. In Bronnweiler führte die Mutter Reinholds ersten pfarrherrlichen Haushalt, bis er Anna Meyer heiratete. In Bronnweiler und Korntal war auch das Refugium der zweimal länger erkrankten Mathilde. Ab 1919 lebte die Mutter dann zusammen mit ihren drei ledigen »Kindern« Marie, Mathilde und Hermann in Beuren. Neben ihren Tätigkeiten als Lehrerin (Marie) und als Landtagsabgeordnete (Mathilde) sorgten die beiden Schwestern bis zum Tod der Mutter im Jahr 1925 – nicht immer glücklich, aber aufopfernd – für das Wohl der alten Frau und für den glücklosen Bruder, getreu der Maxime Mathildes: »Wenn etwas nötig ist, muss es getan werden.« 1930 starb Marie, und Mathilde kämpfte alleine um den Bruder, der sich 1932 das Leben nahm.

Das Leben der Geschwister und der philosophische Nachlass des Vaters war stets der wichtigste familiäre Lebensinhalt Mathildes. Die Geschwister verlor sie alle im Laufe ihres langen Lebens: Der älteste Bruder Karl hatte Anglistik studiert, war Professor am Eberhard-Ludwig-Gymnasium in Stuttgart geworden und starb schon 1899. Marie, die ihr nächste Schwester, hatte eine erste Stelle als Erzieherin bei der Arztfamilie Dr. Stark in Stefansfeld bekommen und bei der Betreuung der Söhne der

Mathilde Planck (links) um 1898 in Stuttgart im Kreis der Familie: Die Mutter
Auguste, die Geschwister Hermann, Karl, Marie und Reinhold (v. l. n. r.); die
Schwester Adelheid fehlt auf dem Bild.

Familie alte Sprachen gelernt – sie besuchten das Gymnasium
in Straßburg – und deshalb konnte sie später Latein bis zur
Quarta unterrichten. Adelheid war in der »Prieserei« – dieses
Institut gehört zu den im nächsten Kapitel behandelten Lehran-
stalten – in Fortbildungskursen zur Erzieherin ausgebildet worden, weil das Lehrerinnenseminar zu teuer war. Sie starb 1894
und hinterließ Mann und vier Kinder. Zu diesen beiden Schwestern hatte Mathilde die innigste, aber auch die am meisten mit
Konkurrenz beladene Beziehung. Der jüngere Bruder, Dr. theol.
phil. Reinhold Planck, hatte Theologie studiert, über die Rechts-

philosophie seines Vaters promoviert und lange das Stadtpfarr-
amt in Winnenden inne. Sein Tod im Jahre 1936 erschütterte
Mathilde in hohem Maße – nun hatte sie alle Geschwister verloren. Hermann, das labilste, lebensuntüchtigste und schwie-
rigste der Kinder, war noch kleinwüchsiger gewesen als Marie.
Er hatte sein berufliches Glück in Amerika gesucht, war aber
dort gescheitert und zurückgekommen, um sein Leben selbst
zu beenden. Und Clara war schon 1892 gestorben und liegt als
einziges der Kinder nicht im Stuttgarter Familiengrab. Sie wurde in Bronnweiler begraben. Die Mutter, die den Tod von dreien
ihrer erwachsenen Kinder erleben musste, hatte trotz ihrer fast
lebenslänglich andauernden gesundheitlichen Probleme eine
ähnliche Lebensdauer wie ihre Tochter Mathilde. Sie starb kurz
vor ihrem 91. Geburtstag.

»Der Geist des Vaterhauses hat wohl auch Mathilde Planck
den Weg in die öffentliche Tätigkeit gewiesen. Das Leben im
Staat und mit dem Staat war ihr von Anfang an das Natürli-
che; der Staat von damals sah aber für Frauen keinen anderen
Platz vor, als den in der Familie und in rein häuslicher Tätigkeit. Und so ist Mathilde Planck Vorkämpferin geworden für
das Streben nach geistiger Bildung und nach wissenschaftli-
cher Erkenntnis sowie für die Bestätigung der Frau im Dienste
für die Volksgemeinschaft.
Wenn ich mich zurückbesinne, so ist das Bild von Mathilde
Planck und ihrer Schwester irgendwie mit dem ersten Mädchengymnasium in Stuttgart verbunden. Sie verfügte über
Lateinisch, das uns anderen in der Schule ja sorgsam vorent-
halten worden war. In der Frauenlesegruppe, in den neunziger

Jahren, war sie mit dabei. Es scheint, daß Gustav Gerok hier die nach Bildung und Erkenntnis hungernden Frauen in die Gedankenwelt der Zeit eingeführt hat; später war sie deren Vorsitzende. Und in den Jahren 1906 bis 1916 war sie Vorsitzende des Württembergischen Lehrerinnenvereins. Die Jahre nach 1900 galten dem Kampf um den Zugang zur Universität. Die jungen Mädchen von heute meinen, es sei selbstverständlich, daß ihnen alle Türen dieser höchsten Bildungsstätte offen stehen. Wir Alten aber wissen, gegen wieviel Mauern die Frauen anrennen mußten, und mit wie lächerlichen und törichten Waffen sie bekämpft wurden. Mathilde Planck hat in diesen Fragen eine ruhige Zuversicht bewahrt und mit einem unerschütterlichen Glauben an den Sieg der Vernunft und des Guten gegen die Spötter und Zweifler Recht behalten.«

Klara Hähnle, 1941

Die Lehrerin – späte Ausbildung und die Mühen des Berufes

»Haben wir einmal begriffen, daß alle äußeren Dinge, die wir uns wünschen: Reichtum und Ansehen, Ehe und Familie, von unserem Willen unabhängig, eben nur Glücksgüter sind, so kann es uns auch gelingen, ihnen die sekundäre Rolle zuzuweisen, die ihnen in Wahrheit zukommt.«

Mathilde Planck, 1905

Ihre Berufswahl gab Mathilde Planck auch in hohem Alter immer wieder Anlass zu langem selbstkritischen Nachdenken: »Dass wir unser Leben vorwärts leben und rückwärts verstehen, dies wird jedem Denkenden klar, wenn er ein höheres Alter und ruhigere Jahre erreicht. Ich habe schon auf die Verschiedenheit der Entwicklung von meinen beiden älteren Schwestern und mir hingewiesen. Warum konnte ich nicht so wie sie in der Ausübung des Lehrberufs meine Befriedigung finden? Warum hat er mich seelisch und dadurch auch physisch überanstrengt?

Heute möchte ich diese Frage dahin beantworten, daß meine geistige Entwicklung eben nicht wie bei jenen beiden zu einem gewissen Abschluß gekommen war (nicht so zu verstehen, als hätten sie für sich das Weiterstreben aufgegeben). Sie hatten eine hervorragende Gabe zu unterrichten. Ob ich eine solche hatte, war mir immer zweifelhaft. Jedenfalls musste ich vieles lernen, was ihnen von Natur gegeben war. Ich brauchte eine geistige Einsamkeit von anderer Art. Wäre ich reich gewesen, so hätte ich mir ein Dutzend verwaister Kinder gesammelt und

mir die Aufgabe gestellt, diese zu guten Menschen zu erziehen.
Etwas pädagogische Begabung hatte ich mir wohl zugetraut. Wo
eine schöpferische Anlage irgendwelcher Art vorhanden ist oder
eine stark ausgesprochene Neigung, da ist der Weg nicht allzu-
schwer zu finden. Eine bloß formale Begabung, auch bei gutem
Auffassungsvermögen, ist meist auf Versuche angewiesen, wie
u. a. wo sie ihre Kraft am besten verwerten kann.

Und in jener Zeit, da ich meinen Weg suchen musste, in dem
letzten Viertel des neunzehnten Jahrhunderts, war es für ein
im Grunde zaghaftes und durch persönliche Verhältnisse ein-
geengtes Wesen doppelt schwierig, den ihm bestimmten seinen Anlagen gemäßen Weg zu finden. Ich suchte den Ort zu
erreichen, an dem ich notwendig war.

Meine Geschwister Karl und Marie, die mit großer Liebe
dem Lehrberuf sich widmeten, haben mich nicht verstanden,
jedenfalls nicht im kritischen Stadium, eher später.«

Hier wird deutlich, dass sich Mathilde Planck nicht wie
ihre beiden älteren Schwestern Marie und Adelheid oder wie
ihr Bruder Karl zum Lehrerdasein berufen fühlte. Für sie, die
so selbstverständlich dienend den Familienhaushalt führte und
so ihrem ältesten, erstgeborenen Bruder und ihren Schwestern
eine unbelastete, altersgemäße Ausbildung zur Selbstständig-
keit ermöglichte, kam mit der häuslichen Belastung wohl keine
andere Berufswahl in Frage. Denn auch dann noch war sie für
die Versorgung der Familie zuständig, als sie sich im Jahr 1884
mit dreiundzwanzig Jahren auf die Schulbank des 1870 eröff-
neten privaten Lehrerinnenseminars der »Prieserei« setzte, der

»Prieserei« Moserstr. 12, 1901–1912 Hof an Hof mit dem Mädchengymnasium
Urbanstr. 42

zehnklassigen »privaten Fortbildungsanstalt für Töchter höhe-
rer Stände« des Fräuleins Sophie von Prieser, 1839–1891, das in
der Moserstraße 12 – ein Pensionat und Lehrerinnenunterkünf-
te eingeschlossen – drei Stockwerke belegte. Von Prieser, die im
Gründungsjahr 1873 die Vorsitzende des Schwäbischen Frauenvereins war, der sich bis heute für eine Erweiterung der Bil-
dungs- und Berufschancen für Mädchen und Frauen einsetzt,
engagierte sich mit Vorträgen und Informationsabenden über
ihre Institutsaufgaben hinaus für die Frauenbildung. Sie kriti-
sierte besonders deren unzulänglichen Ausbildungsmöglich-
keiten für Mädchen über fünfzehn Jahre, die im »Widerspruch
zu den Ansprüchen der Zeit« stünden.

In den ersten Stuttgarter Jahren hatte Mathilde Planck immerhin in den Wintersemestern als Gasthörerin Ästhetikvorle-
sungen von Friedrich Theodor Vischer, der ein Freund des Vaters
gewesen war, am Stuttgarter Polytechnikum, der späteren Technischen Hochschule und heutigen Universität Stuttgart, besuchen können. Sie hatte immer bezweifelt, »ob der Weg meiner
Schwestern der richtige auch für mich sei. Als ich dann Fichtes
Reden an die deutsche Nation gelesen hatte, schien es mir doch
möglich, daß auch ich den Lehrberuf wählen könnte.« Und so
ließ sie sich in diesem Privatseminar mit der knappen Nacht-
und Tageszeit, die sie wegen des Haushalts zur Verfügung hatte, zur Lehrerin ausbilden – eben nicht aus Veranlagung, wie
sie dies als alte Frau charakterisiert, sondern als Pflichterfüllung
einem fortschrittlichen Staatswesen gegenüber. Außerdem gab
es für Frauen am Ende des 19. Jahrhunderts fast keine andere anspruchsvolle Berufsvariante, obwohl dieser Beruf beileibe
keinen ›goldenen Boden‹ hatte. Wie reformbedürftig er war, ist
auch am späteren Engagement Mathilde Plancks im Württem-

bergischen Lehrerinnenverein abzulesen. Es darf auch nicht vergessen werden, dass Abitur und Studium für Frauen in Württemberg erst 1904 rechtlich verankert wurden.

Mädchen- und Lehrerinnenbildung

Das Thema der Mädchenbildung war auch am Ende des 19. Jahrhunderts immer noch umstritten. Die Frage, ob Mädchen tatsächlich geistig zu erziehen oder ›bildbar‹ seien, war ein Dauerbrenner. Wer sich in diesem Bereich für einen Bildungsanspruch der Weiblichkeit einsetzte, hatte sich zu rechtfertigen. Die pädagogische Traditionslinie ist vor allem im deutschen Kulturraum mit einer Rollenzuweisung zur Sittsamkeit zu beschreiben. Die Lehrerinnengeneration dieser Zeit, die sich aus dem ›Heer‹ der Gouvernanten, Erzieherinnen und Lehrerinnen mit unterschiedlichster »Lehrbefugnis« emporgearbeitet hatte, favorisierte zumeist ihren Beruf als Vorbereitung zum Beruf der Mutter und Erzieherin, wie er im Laufe des Jahrhunderts in einer männlich definierten Zuschreibung gesellschaftsfähig geworden war. Dass Frauen auch unverheiratet und im Beruf stehend ein sinnvolles Leben führen könnten, war im Grunde ein Angriff auf die allgemein vertretene, einseitige Eignung der Frauen für die sozialen und erzieherischen Berufe.

Trotz der Emanzipationsbewegungen des 19. und 20. Jahrhunderts hat es lange gedauert, die Benachteiligung der Frau in Schule und Berufsausbildung und -ausübung von Grund auf zu korrigieren, auch wenn sich der Aufschwung der Mädchen- und Lehrerinnenbildung um die vorletzte Jahrhundertwende als das gemeinsame Fundament der hürdenreichen ›Erfolgsge-

schichte‹ der Frauenbildung erwies. Damals wurden trotz unterschiedlichster gesellschaftlicher Wirkungskreise und indivi-
dueller Aktionsradien frauenbewegter und bildungspolitischer
Einzelkämpferinnen aller Couleur oder durch Vereinsgründun-
gen Rechte und Lebensbedingungen errungen, die sich nicht
von alleine ergeben hätten.

Die Geschichte der »höheren« Mädchenbildung, die die Vor-
aussetzung für eine Lehrerinnenausbildung war – die »niede-
re« war durch eine allgemeine »Volksschulpflicht« seit 1649 in
Württemberg »gesichert« – ist dornenreich. Das einzige »höhere« Bildungsangebot waren die seit Beginn des 19. Jahrhunderts zumeist in größeren Städten gegründeten privaten oder
öffentlichen »Höheren Töchterschulen«. Die Reformbewegung,
die ab 1893 zur Gründung deutscher Mädchengymnasien führte, bedeutete einen wesentlichen Fortschritt. Um Mädchen eine
bessere Berufsausbildung und deswegen das Abitur oder gar
ein Studium zu ermöglichen, richtete der 1865 von Louise Otto-
Peters, Auguste Schmidt, Henriette Goldschmidt und anderen
Mitgründerinnen ins Leben gerufene »Allgemeine Deutsche
Frauenverein« 1879 sogar einen sogenannten Stipendienfonds
ein, der Frauen und Mädchen bei der Vorbereitung für das
Schweizer Abitur oder beim Auslandsstudium zum Beispiel in
Paris finanziell unterstützte. Hier war ein Frauenstudium schon
seit der Mitte des 19. Jahrhunderts möglich. Bereits 1890 wur-
den zwölf Studentinnen das Auslandsstipendium in Zürich und
Paris finanziert.

Schon 1887 hatte die von Helene Lange verfasste sogenannte »Gelbe Broschüre«, die das vom Manne unabhängige Recht
der Frau auf Bildung als Berufsperspektive zum Inhalt hatte,
Aufsehen erregt. Sie enthielt zwei Anträge an das preußische

Unterrichtsministerium und das Abgeordnetenhaus: »1. In den wissenschaftlichen Unterricht auf der Mittel- und Oberstufe der öffentlichen Höheren Mädchenschulen mehr Lehrerinnen einzustellen und 2. zur Ausbildung dieser Lehrerinnen von Staats wegen Anstalten zu errichten.« Diese Forderungen der wohl bedeutendsten Repräsentantin der gemäßigten Richtung der bürgerlichen Frauenbewegung unterstützten auch im deutschen Südwesten das Streben nach Verbesserungen. Helene Lange war Mitbegründerin und langjährige Vorsitzende des 1890 ins Leben gerufenen »Allgemeinen Deutschen Lehrerinnenvereins« und wurde als Vorbild und Leitfigur auch im gleichzeitig in Württemberg von Mathilde Planck gegründeten Lehrerinnenverein hoch verehrt.

Der Beruf der Lehrerinnen stand auch in Württemberg in einer Erzieherinnentradition zwischen Autorität und Abhängigkeit. Die ›alten‹ Muster der Unterordnung des Lehrerinnenstandes billigten den Lehrerinnen nämlich die Autorität, die sie zur Ausübung dieses Berufes brauchten, lange Zeit nur zögerlich zu. Sie blieben in einer untergeordneten Abhängigkeit. Außerdem wurde ihnen ›nur‹ der Unterricht für Mädchen gestattet. Die ›Rahmenbedingungen‹ wie Gehalt, Kleidung, Verbeamtung und Rentenversorgung waren noch bis ins 20. Jahrhundert hinein in keiner Weise allgemeingültig geregelt. So erhielten Lehrerinnen erst ab 1877 im Krankheitsfall drei Monate lang ihre Gehaltszahlung weiter und konnten in Kranken- und Pensionskassen eintreten. Dauernde Anstellungen waren erst nach Einführung der Zweiten Dienstprüfung auch für Lehrerinnen ab der Jahrhundertwende möglich. Sie lagen aber weit unter der Besoldung der männlichen Staatsbeamten, weit unter dem letzten Dienstgrad der Beamtenhierarchie, den sogenannten Unterbeamten, den Boten und Kanzleidienern. Der ironische Slogan »fröhliches Verzichten am Rande des Existenzminimums« war für viele dieser geplagten Lehrerinnen ein tägliches Mantra.

Vor allem aber galt im Kaiserreich der sogenannte Zölibatserlass: Frauen waren nach der Heirat aus dem Beamtenstand und sogar aus einem weniger günstigen Anstellungsverhältnis zu entlassen. Dieser Zwang zur Ehelosigkeit wurde in der Weimarer Republik für Beamtinnen 1929 auf Reichsebene auch mit Unterstützung der DDP abgeschafft, in Württemberg, wie später zu sehen sein wird, schon 1923 mit einer eher ambivalenten Mitwirkung der Abgeordneten Planck. In den 1930er Jahren wurde er jedoch wieder als ›Muss- oder Kann-Vorschrift‹ mitunter bis 1955 ›revitalisiert‹. Ein uneheliches Kind war natürlich ein Kündigungsgrund per se.

In Württemberg war die Ausbildungs- und Beschäftigungssituation der weiblichen Lehrkräfte genauso desolat wie im übrigen Deutschen Reich. Zwar hatte sich schon 1873 die Württembergische Kammer der Abgeordneten mit dem Fehlen von qualifizierten Lehrerinnen an Mittel- und an Höheren Schulen befasst und grünes Licht für die Errichtung eines öffentlichen Höheren Lehrerinnenseminars gegeben, das 1874 – also nach der Gründung der privaten »Prieserei« – dem »Katharinenstift« angeschlossen wurde. Die Diskrepanz zum männlichen Lehrerstatus war jedoch immer noch gravierend. Daran änderte auch der 1874 gegründete Stuttgarter Zweigverein des deutschen »Vereins für das Höhere Mädchenschulwesen«, der sich die Aufgabe gestellt hatte, alle Lehrkräfte an Höheren Mädchenschulen zu fördern, nur sehr wenig.

1877 wurde das württembergische Mädchenschulwesen verstaatlicht. Lehrerinnen und Lehrer waren dadurch weniger den örtlichen Unterschieden in ›freiwilliger‹ Bezahlung und Bewertung durch die Kommunen unterworfen. In Stuttgart waren das »Königliche Katharinenstift« und das wegen des großen Bevölkerungswachstums der Stadt 1873 gegründete »Königliche Olgastift« bis 1903 von dieser Regelung ausgenommen und standen weiterhin unter der Aufsicht der Königin. Königin Charlotte forderte ab 1893, dass nur geprüfte Lehrerinnen an den »Vorzeigestiften« unterrichten dürften. »Klassengouvernanten« und Lehrerinnen ohne Diplom mussten die Anstalten verlassen. Erst zwischen 1899 und 1901 erfolgte schließlich die Gleichstellung der von einer eigenen Behörde beaufsichtigten Mädchenschullehrer und -lehrerinnen mit den Lehrern an den Latein- und Realschulen durch das »Königliche Kultministerium für Höhere Schulen«.

Als Mathilde Planck 1884 mit ihrer Ausbildung begann, konnte sie dies auch aus finanziellen Gründen nur im privaten »Prieserschen Institut« tun. Ihr Berufsweg als staatlich geprüfte Lehrerin nach dem 1887 bestandenen Lehrerinnenexamen in den Fächern Englisch, Deutsch und Mathematik übte sie fünfzehn Jahre lang aus, mit einer zweimaligen krankheitsbedingten Unterbrechung von je einem Jahr – Diagnose »Blutarmut«. Sie unterrichtete in der »Prieserei« in der Moserstraße und in der »Rothertschen Höheren Mädchenschule«, die von 1892 bis 1902 von Paula Rothert und dann von Emma Schubert im Herdweg geleitet wurde. Im »Hayerschen Knabeninstitut« unterrichtete sie nach 1900 kurzzeitig sogar Knaben. Sie selbst beschreibt in ihren Erinnerungen nur die »Prieserei« und die »bedeutende und edle Frau« von Prieser, an die sie immer noch mit herzlicher Dankbarkeit denken würde und deren Nachfolgerin »Fräulein E. Schubart«, »mit der ich immer befreundet geblieben bin«. Die Namen der anderen »privaten Institute«, an denen sie auch noch später beschäftigt war, nennt sie nicht, genauso wenig wie deren Gründerinnen und Vorsteherinnen. Über das »Warum« kann nur spekuliert werden. In ihren Aufzeichnungen enden hier die Betrachtungen über ihren Beruf, der immer auch ein Kampf gegen ihre größte Schwäche war:

»Meine Schüchternheit hat mich auch den Kindern gegenüber anfangs stark gehindert, und diese Schwierigkeiten habe ich mir so bitter, so gründlich zu Herzen genommen, daß diese seelische Belastung sich auch körperlich auszuwirken begann.«

Über den weiteren Gang ihres Wegs als Lehrerin ist von ihr nichts weiter mehr zu erfahren, obwohl bald auch mit ihrer Beteiligung ein Meilenstein in der Stuttgarter Bildungsgeschichte für Mädchen gelegt werden sollte: 1899 ist das Gründungsjahr des »Ersten Württembergischen Mädchengymnasiums«, eines *humanistischen* Gymnasiums wohlgemerkt. Mathilde und Marie Planck waren von Anfang an unterstützend mit dabei und unterrichteten neben ihrer Lehrtätigkeit an den oben genannten Mädchenschulen gleichzeitig auch an diesem neuen bahnbrechenden Gymnasium. Der Erfolg der Gründungsgeschichte – die aber auch eine Geschichte des Ausgegrenzt- und Eingeschlossenseins ist – verdient es, hier mit einem Ausblick auf die Württembergischen und Stuttgarter Entstehungsbedingungen berichtet zu werden.

Die (bildungs-)politische Atmosphäre

Die Gründung des Deutschen Reiches 1871 entsprach dem politischen Interesse des Königreichs Württemberg, obwohl der Stuttgarter Hof dadurch viel von seiner bisherigen Bedeutung als politisches Zentrum einbüßte. Die staatlich-rechtliche Orientierung war stramm patriotisch auf Kaiser Wilhelm I. und seinen Reichskanzler Bismarck gerichtet. Noch heute ist das am Reiterdenkmal des Kaisers auf dem Stuttgarter Karlsplatz zu erkennen. Jedoch: »Die Fürsorge für die geistige Kultur« – so Karl Weller in einem kurzen Abriss der württembergischen Geschichte aus dem Jahre 1933 –, »für Wissenschaft, Kirche und Schule verblieb im neuen Reich den Einzelstaaten, die damit ein überaus wichtiges Feld der Betätigung erhielten.« Der Historiker berichtet, dass die Zahl der Gymnasien vermehrt wurde, dass zahlreiche Realanstalten – Realschulen – entstanden und dass in Stuttgart 1876 das Polytechnikum, die spätere technische Hochschule, gegründet wurde. War dadurch angesichts der technischen Fortschritte und der wirtschaftlichen Interessen schon damals das humanistische Bildungsideal ins Wanken geraten? Sicher ist, dass es nicht wenige Stimmen gab, die die alten Schulinhalte als ›Bildungshochmut‹ verurteilten und sie für Mädchen schon gar nicht für förderlich hielten. Dass der Autor hier eine rein männliche Bildungs- und Kulturlandschaft entwarf, ist nicht weiter verwunderlich. Sie entspricht dem gängigen Zeitgeist, und der verschwieg ganz selbstverständlich die Mehrheit der Bevölkerung, die auch in Württemberg und Stuttgart die Frauen waren. Und eben sie hatten noch keinen Zutritt zu den genannten Institutionen.

Doch dann verfügte König Wilhelm II. – er war seit 1891 der liberale Regent ›im Ländle‹ – nach einer ersten Verweigerung

unter dem ›sanften‹ Druck der ›Palastdame‹ Olga Üxküll-Gyllenband und seiner Gemahlin Königin Charlotte sowie dem
eher geharnischten Aufbegehren des »Vereins Frauenbildung
und Frauenstudium« als einer der ersten deutschen Regenten
1904 das offizielle »rite« für die »ordentliche« Immatrikulation
für Frauen mit Abitur an der Universität Tübingen. Zuvor hatte
es nur Ausnahmegenehmigungen für Hörerinnen und Gaststu-
dentinnen gegeben. Und dieses »rite« betraf drei der ersten vier
»Promovendinnen« des Stuttgarter »Mädchengymnasiums«.
Die vierte Absolventin studierte an der Universität München,
wo schon seit 1903 »ordentlich immatrikulierte« Studentinnen
zugelassen waren.

Dass diese frauenpolitischen Erfolge nur die Höhepunkte
langwährender Anstrengungen waren, zeigt die Entstehungs-
geschichte des »Ersten Württembergischen Mädchengymnasiums« in Stuttgart, dessen Stellenwert erst durch Archivrecher-
chen im Hölderlingymnasium anlässlich seines hundertjährigen
Bestehens im Jahre 1999 ersichtlich ist. Die ›neuen‹ Bildungs-
bürgerinnen Stuttgarts hatten nämlich eine Lobby: Sie wurden
von der fortschrittlich gesonnenen städtischen Intelligenz, von
den weltoffeneren akademischen und industriellen Honoratio-
renfamilien, von Mitstreiterinnen des »Schwäbischen Frauenvereins«, von Lehrerinnen des 1890 von Mathilde Planck mitbe-
gründeten »Württembergischen Lehrerinnenvereins« und – wie
schon berichtet – vom Königshaus, von König Wilhelm II. und
seiner Gemahlin Charlotte von Schaumburg-Lippe und deren
Hofstaat ideell sowie mit Geld- und Sachspenden – vom Papier-
korb über ein »Sopha« bis zum Bücherregal – unterstützt. Und
dies, obwohl die nationalliberale »Schwäbische Kronik« vom 18.
Januar 1898 in einem groß aufgemachten Artikel folgende Ein-

schätzung verbreitet hatte: »Der Frauentag, der im vergangenen Herbst in Stuttgart so manchen jungen und älteren Damenkopf verdrehte, hat die Frage eines Mädchengymnasiums als Zankapfel in Stuttgarter friedliche Verhältnisse hereingeworfen. So ein ›Fräulein Dr. iur.‹ ist wohl da und dort einer unserer Stuttgarter Damen in den Kopf gestiegen, allein deshalb dürfte es hier mit der Gründung eines Mädchengymnasiums noch nicht so sehr eilen.« Ein gutes Jahr später war es aber doch so weit.

Das »Erste Württembergische Mädchengymnasium«

Das offizielle Eröffnungsdatum war der 17. April 1899, gefeiert wurde aber schon am Samstag davor. In der Chronik des Jahres 1899 der Haupt- und Residenzstadt Stuttgart, die vom Gemeinderat herausgegeben wurde, ist im Kapitel »Schulwesen« für den 15. April 1899 folgendes eingetragen: »Eröffnungsfeier der Fortbildungsanstalt für Töchter gebildeter Stände, Mädchengymnasium (im Hause Kronenstraße 41).« Die Fortbildungsanstalt war zu Beginn noch eine sogenannte Doppelanstalt gewesen, deren Klassen, die der heutigen Mittelstufe entsprechen, von Fräulein Johanna Bethe geleitet wurden. Der vorerst dreijährigen Oberstufe aber – die Schülerinnen kamen von anderen Höheren Töchterschulen – stand deren Gründerin Gertrud Schwend, geb. von Üxküll-Gyllenband, 1867–1901, vor. In dem von ihr formulierten Programm ist auf der ersten Seite folgendes zu lesen: »Die Aufgabe der Gymnasialklassen ist die gleiche wie die des humanistischen Knabengymnasiums in Württemberg.«

Dieser Satz bezeichnet eine wagemutige Neuerung, denn die Fächer Latein und Griechisch hatten für Mädchen bislang

nie im Lehrplan gestanden. Und weiter: »Zweck derselben
ist: a) Jungen Mädchen, die sich auf die Universität vorberei-
ten wollen, in einem sechsjährigen Unterrichtsgang die zur
Ablegung der Reifeprüfung eines Gymnasiums erforderlichen
Kenntnisse zu übermitteln. b) Auch solchen jungen Mädchen,
die sich nicht dem Universitätsstudium widmen wollen, eine
gründliche, wissenschaftliche Bildung, wie das Gymnasium sie
der männlichen Jugend bietet, zu ermöglichen.« Das war vielleicht für viele zu deutlich: Hier sollte nämlich – wie das bislang
nur im »Mädchenreformgymnasium« Karlsruhe (seit 1893) und
etwa gleichzeitig in vierjährigen »Gymnasialkursen« in Berlin,
Leipzig, Breslau und in Hannover möglich war – eine »Anstalt«
geschaffen werden, an der Mädchen legitimiert wurden, das Abitur abzulegen.

Und diese Forderung wurde in der Folge auch noch umgesetzt: Die erste »Promotion« des Mädchengymnasiums, des ersten Abitursjahrgang also, bestand 1903 aus vier Schülerinnen. Sie
waren zwar – wie das in Württemberg bis 1924 üblich war – nicht
in der eigenen Schule, sondern in einem Knabengymnasium
extern geprüft worden, aber im Ganzen gesehen stellte das einen hundertprozentigen Erfolg dar. Hatten doch somit die ersten drei Schülerinnen, die seit der Gründung der Schule in der
Klassenstufe der Untertertia dabei gewesen waren, das Abitur
bestanden.

Zudem war schon 1899 geplant worden, dass diesen Abitu-
rientinnen im Anschluss daran der Zutritt zum Studium an einer Universität ermöglicht werden sollte. Dies war ein Wunsch,
der zu Beginn noch der bürokratischen Bearbeitung harrte, aber
auch er wurde Wirklichkeit. Hinzuzufügen ist, dass im Programm des Mädchengymnasiums für 1900 ein weiterer Punkt

aufgelistet ist, der folgendes zusichert: »Die jungen Mädchen, welche sich dem Apothekerberuf widmen wollen, in einem zwei- bis dreijährigen Kurs so weit zu fördern, dass sie die hierfür erforderliche Prüfung an einem Gymnasium oder Realgymnasium ablegen können.« Dies bedeutete die Eröffnung eines weiteren wichtigen Berufszweiges für Mädchen.

Die reformwillige Gründerin – eine Verwandte der schon genannten ›Palastdame‹ –, die erst seit 1898 in Stuttgart lebende Gertrud Schwend, pflegte die überregionalen Kontakte mit den Pädagoginnen der damaligen bürgerlichen Frauenbewegung, die sich für das derzeit anspruchsvollste Projekt der Frauenbildung, das »Mädchen-Reformgymnasium«, einsetzten. Sie vertraten verglichen mit Helene Langes vierjährigem Gymnasialklassenkonzept, das auf einem Abschluss der Höheren Töchterschulen aufbaute, die progressivere Idee eines durchgehenden Gymnasiums. Vor allem aber waren sie der Meinung, dass Mädchen ebenso wie Knaben nur eine dreijährige Oberstufe benötigten, um sich ein identisches Wissen anzueignen, also nicht etwa langsamer lernen würden. Gertrud Schwend war mit ihrer in Genf erworbenen »Licence de lettres« in Philologie zur Gründerin und Leiterin des geplanten humanistischen Gymnasiums geradezu prädestiniert. Sie selbst unterrichtete das Fach Französisch. Im Übrigen arbeitete sie ehrenamtlich und hatte vorerst für den Unterricht der ersten drei Schülerinnen – die vierte kam erst ein Jahr später hinzu – ihre Privatwohnung in der Alleenstraße 29,1. Stock (seit 1948 Geschwister-Scholl-Straße) zur Verfügung gestellt.

Als in Stuttgart ein Jahr nach der Gründung des Mädchengymnasiums ein Stuttgarter Zweigverein des 1888 in Deutschland gegründeten Vereins »Frauenbildung und Frauenstudium«

konstituierte, der die Schule und ihre Ziele fortan unterstütz-
te, war dies ein weiteres frauenorientiertes bildungspolitisches
Sig-nal. Gertrud Schwend wurde in dieser Vereinigung, die von
Anbeginn bereits hundert Mitglieder zählte, noch unter ihrem
Mädchennamen zur ersten Vorsitzenden gewählt. In diesem
Ereigniszusammenhang stand die Gründung des Stuttgarter
Mädchengymnasiums. Dabei muss jedoch hinterfragt werden,
ob das Prinzip der »geistigen Mutterschaft« und der strengen
Pflichterfüllung der Lehrerinnen, die durch den Zölibatserlass
quasi gezwungen waren, nur mit dem Beruf verheiratet zu sein,
für neue gesellschaftliche Bewertungen und Möglichkeiten ihrer Zöglinge auch tatsächlich geeignet waren. Nach dem frühen
Tod der verheirateten Schulgründerin im Jahre 1901 sind Gertrud Schwends Zukunftsvisionen und Inhalte im Alltagsgeschäft
der stetig wachsenden Schule immer unschärfer geworden – die
schulische Praxis erforderte Kompromisse.

Damit soll aber nicht gesagt sein, dass der im schulischen
Umfeld höchst ungewöhnliche gesellschaftliche Sonderstatus
von Gertrud Schwend, die auch ihren Adelstitel einer Freiin
Üxküll von Gyllenband mit ihrer Heirat im Jahr 1899 mit dem
Oberstudienrat Friedrich Schwend, 1871–1934, abgelegt hatte,
der einzige Aspekt eines größeren Wagemuts als der Mathilde
Plancks war. Sie war auch in der Lage, sachliche Forderungen
zu stellen, die sie auch gewillt war umzusetzen. In einem Aufsatz zum Mädchengymnasium Stuttgart führt sie folgendes
aus: »Das Problem der höheren Mädchenschule ist verknüpft
mit der allgemeinen Frage: Wie soll überhaupt die Schule der
Zukunft beschaffen sein? [...] Diese Frage der Zukunftsschule
ist augenblicklich für die weiblichen Anstalten nicht zu lösen.
Als die Spätergekommenen können wir nicht reformierend

oder selbständig schöpfend auftreten, einfach weil dann unsere Anstalten im sozialen Leben uns nicht die Gleichberechtigung mit den Männern, die wir suchen, gewähren würden. Wir müssen uns unter den vorhandenen Anstalten für Knaben diejenige aussuchen, die unseren Bedürfnissen am besten entspricht. Das ist nicht die Realschule und nicht das Realgymnasium, sondern das Gymnasium. Es öffnet den Zugang zu allen Fakultäten der Universität, namentlich zum Studium der Philologie, der Medizin und des Rechts, die zunächst allein den Frauen eine Berufsstellung sichern.«

Die Gründerin des Mädchengymnasiums formuliert hier 1898 ohne Umschweife den gesellschaftlichen Stellenwert, den sie mit ihrem Projekt zu erreichen hoffte. In der von ihr gewählten Schulform sieht sie eine realistische Lösung, Schülerinnen richtig zu fördern: »Leichter ist es einen Geist zu bilden, als ihn umzubilden, und dies wäre in Württemberg notwendig, wollten wir die Mädchen erst nach Verlassen der Töchterschule in unser Gymnasium aufnehmen. Solche Mädchen in vier Jahren bis zur Universität zu führen, würde wohl nur bei einzelnen ohne Schaden für die Gesundheit und mit wirklichem Nutzen für den Geist gelingen. Mit den Zwölfjährigen steht es schon bedeutend besser. Vier Jahre der Töchterschule bleiben ihnen erspart, und uns der Kampf mit dem laxen Denken.« Sie wusste, dass sie gegen Vorurteile zu kämpfen hatte, auch gegen die des Landesherren und des damals sogenannten »Kultministeriums«: »Es heißt also langsam vorwärts gehen, Zugeständnisse machen, ohne jedoch in denselben so weit zu gehen, wie die Gymnasialkurse, die das Gymnasium einfach auf die Töchterschule aufpfropfen.«

Die schon genannten, von Helene Lange in Berlin 1893 begründeten Mädchengymnasialkurse, die bald in ganz Deutschland Nachahmung fanden – rund fünfzig Gründungen gab es in den folgenden zwanzig Jahren – , waren, verglichen mit der radikaleren Richtung der Bildungsforderungen des »Reformgymnasiums«, zu denen Gertrud Schwend sich bekannte, in ihrem Lehrplan eher wertkonservativ auf das tradierte Frauenbild konzentriert und deswegen vorerst auch erfolgreicher. Sie forderten nicht lauthals, sondern eher verdeckt Bildungschancen für Frauen und eckten damit auch weniger an. Leider ist nichts darüber bekannt, wie Mathilde Planck – die nachfolgende Vorsitzende im Verein »Frauenbildung und Frauenstudium« – sich mit dieser Gemengelage auseinandersetzte. In ihren Erinnerungen überging sie dieses Kapitel ihres Lehrerinnendaseins und verlor kein Wort über die damaligen Kolleginnen, Kollegen und die charismatische Gründerin des Mädchengymnasiums. Eines war jedoch für sie klar, und da schöpfte sie aus ihren eigenen Erfahrungen in der Familie, als sie 1905 in einem Vortrag forderte:

> »Ebenso notwendig ist: Die jungen Mädchen müssen gerade so viel Zeit für ihre Bildung verwenden dürfen als ihre Brüder.«

Dass Bürgerinnen die Rechte der Bürger erhalten sollen – das Credo der späteren »frauenbestrebten« Netzwerkerin und Landtagsabgeordneten –, ist aber sicher auch ein Beispiel für eine kontinuierliche Fortführung der fast revolutionären Ideen dieser Schulgründerin.

»Unter so vielen Gymnasien für Knaben wenigstens ein Mädchengymnasium, das konnte man nicht als Emanzipationssucht ansehen.« Das war auch die stets öffentlich verkündete

Meinung der nachfolgenden »Vorsteherin« Leontine Hagmaier, 1862–1931, die die Leitung des Gymnasiums von 1901 bis 1929 zu ihrer Lebensaufgabe machte, wobei sie bis 1912 weiterhin der »Prieserei« vorstand. Das Mädchengymnasium hatte sich von der »Fortbildungsanstalt«, die bald aufgeben musste, getrennt und hatte jetzt für achtzehn Schülerinnen zwei Stockwerke in der Urbanstraße 42 gemietet. Der Physik- und Chemieunterricht fand wegen des Wasser- und Gasanschlusses in der Küche statt. Das neue Domizil grenzte mit der Rückseite an den Hinterhof der »Prieserei«, die sich, wie schon gesagt, in der Moserstraße 12 befand – eine denkbar günstige Situation für Lehrer und Lehrerinnen wie die Planck-Schwestern, die gleichzeitig an beiden Schulen unterrichteten.

Leontine Hagmaier, die selbst meistens mit den Attributen einer herben Mütterlichkeit beschrieben wird, charakterisierte die »edle, hochherzige Stifterin« in ihrer Rede anlässlich des ersten abgelegten Abiturs am 20. März 1904 als eine »bedeutende und hingebende Frau«, die nun »den Tag der Freude nicht mehr schauen durfte«. Die Quintessenz der zum selben Anlass gehaltenen Rede des »Herrn Professors und Kommissärs des Verwaltungsrates« des »Mädchengymnasiums«, Dr. Hermann Planck, fiel philosophischer aus. Er stellte fest, dass die »unvergessliche Gründerin« über die große »Mühe und Überzeugungskunst« verfügte, der »es bedurfte, um auch in unserem Lande und in unserer Stadt dem Neuen, Fremdartigen in weiteren Kreisen Bahn zu brechen und Vorurteile zu zerstreuen, die teils in der Selbstgenügsamkeit unserer Männer, teils in der übermäßigen Bescheidenheit unserer schwäbischen Frauen wurzelten«.

Diese Meinung des an Stuttgarts Höheren Knabenschulen altgedienten Schulmannes Hermann Planck, 1855–1923, der seit

1896 am Karls-Gymnasium unterrichtete und sich von 1899 bis
1908 an der Spitze des Verwaltungsrates um die Geschicke der
Schule verdient machte, ist exemplarisch für eine wohlwollend
selbstverständliche Verantwortung gegenüber einer Aufgabe,
die er bei seinen Kolleginnen so mutig vertreten sah. Er sprach
vom »Verein Frauenbildung-Frauenstudium«, der mit »männli-
cher Entschlossenheit für unsere Sache eintritt, und [von] all den
unermüdlichen Sammlerinnen, [...] die unverdrossen und mit
weiblicher Unwiderstehlichkeit ihrem schweren Berufe nach-
gehen«. In dieser Haltung war er sicher auch von seinen beiden Basen Marie und Mathilde Planck bestätigt worden. Marie
Planck unterrichtete im Übrigen das Fach Latein, Mathilde das
Fach Mathematik. Nach dem Tod Gertrud Schwends hatte – so
führte Hermann Planck dies weiter in seiner Rede aus – Marie
Planck die Geschäfte der Leitung übernommen und hatte »sie
bis zum Ende des Schuljahrs mit großer Hingabe besorgt; auch
der Gang des Unterrichts erlitt keine Störung, dank der Bereit-
willigkeit, mit welcher der schwergeprüfte Gatte, Herr Profes-
soratsverweser Schwend, sich mit Fräulein Marie und Mathilde
Planck in die Stunden der Verstorbenen teilten«.

Hingabe und Pflichterfüllung war selbstverständlich obers-
te Lehrerinnen- und Lehrerpflicht. Doch neben dieser ideellen
Seite sollte auch die materielle nicht vergessen werden: Dass
die Schule allein durch das von den Schülerinnen zu bezahlen-
de Schulgeld – jährlich 120 Mark – nicht existieren konnte, ist
einleuchtend. Es gab neben der Unterstützung aus der Scha-
tulle des Königshauses auch andere Sponsoren, die im jährlich
erscheinenden Rechenschafts- und Kassenbericht namentlich
und mit ihrer finanziellen Einlage aufgeführt wurden. Von diesen Einkünften mussten neben den jährlichen Heizungs- und

Beleuchtungskosten von 292 Mark (siehe Kassen-Bericht April 1900) und der Miete von 1807 Mark – ab 1914 kamen Telephonkosten hinzu – auch die Lehrkräfte bezahlt werden. Der für sechs Lehrer des Gymnasiums veranschlagte jährliche Betrag von 8120 Mark war mehr als kärglich – etwa 1350 Mark pro Lehrer oder Lehrerin, wobei die Einstufung differierte. Die Ausbildung zählte, und hier konnten Frauen keinen akademischen Abschluss vorlegen, der positiv zu Buche schlug. Außerdem hatten ledige Lehrerinnen angeblich ja auch nicht für eine Familie zu sorgen.

Das langjährige ›Zusammenwohnen‹ der Schwestern Planck mit der Mutter, die als »Ephoruswitwe« eine Pension erhielt, ist sicher auch in diesem materiellen Zusammenhang zu sehen. Dass Schwestern oder Kolleginnen zusammenwohnten, war im Übrigen ein weit verbreitetes Modell, das gegen die private Vereinsamung und die gesellschaftliche Missachtung der ledigen Frauen wirkte und für eine Kostenreduzierung des Wohnungs- und Haushaltsaufwands sorgte. Das obengenannte Gehalt hätte, verglichen mit den hier genannten Mietkosten der damaligen »Privatwohnung«, in der die Schule zuerst angesiedelt wurde, nicht einmal für die Miete gereicht und war für die Lehrerschaft sicher nur zusammen mit einer Anstellung an anderen Schulen tragbar. Das Existenzminimum vieler Lehrer und Lehrerinnen war lange Jahre nicht gesichert. Die mangelhafte Besoldung ohne »Pensionskassenzuschuss« besonders der Lehrerinnen entsprach laut Leontine Hagmaier nicht einmal der Belohnung des »geringsten Arbeiters«.

Ganz sicher war diese oft schwierige finanzielle Lange der Lehrkräfte nicht dazu geeignet, Schülerinnen aus vermögenden Häusern in der geforderten würdevollen Autorität zu begeg-

Mathilde Planck als junge Lehrerin, aufgenommen um 1900

nen. Da waren andere Qualitäten und vor allem Genügsamkeit erforderlich. Doch es gab auch auf der Seite der Schülerinnen ein soziales Gefälle. Lange Zeit ermöglichte eine Üxküll-Stipendienkasse, begabte ärmere Mädchen zu unterstützen.

Mathilde Planck gab ihren offiziellen Lehrerinnenberuf im ersten Jahrzehnt des 20. Jahrhunderts auf, um fortan in größeren Zusammenhängen zu wirken und wohl auch, um zu sich selbst zu kommen. Doch blieb ein pädagogischer Elan immer Teil ihrer Person.

»Jahre später, als wir nach Stuttgart gezogen waren, kam ich wieder mit Mathilde in Berührung. Unter uns, in der Danneckerstraße wohnte eine Offiziersfamilie, deren Kinder sie unterrichtete, nachdem sie vorher längere Jahre in dem Rothertschen Institut als Lehrerin beruflich tätig gewesen war. Wir hatten sie und ihre kleine, sehr gescheite Schwester Marie vom Mädchengymnasium, wo auch Mathilde lehrte, zum Kaffee eingeladen. Marie hatte großes pädagogisches Talent, sie lehrte lateinisch und griechisch und verstand es vorzüglich, sich Respekt zu verschaffen trotz ihrer winzigen Gestalt. Wenn die großen tiefblickenden Augen von Mathilde auf mir ruhten, fühlte ich mich oft eingeschüchtert und gehemmt, denn ich war noch ganz ein Kind der Welt. Der Gedanke, daß sie vegetarisch und rohkostlerisch lebte, dem Blauen Kreuz angehörte und sich mit gefallenen Mädchen abgab, war mir peinlich und unheimlich zugleich. Auch für ihre politische Tätigkeit und Einstellung hatte ich wenig Verständnis.

Neben den vielen Menschen, die in unserem Hause verkehrten, war sie der schlichteste, bescheidenste; ihre materiellen

Bedürfnisse waren so gering, daß man sie in der Hinsicht nicht verwöhnen konnte. Mein Mann holte oft aus Spaß seine Taschenlupe hervor, um zu sehen, was auf ihrem Teller lag, worüber sie herzlich lachen mußte. Gefreut hat sie sich immer über Reis- und Pilzgerichte und Früchte aller Art. Von ihrer körperlichen Gegenwart merkte man kaum etwas in ihrer leichten, geräuschlosen Art, sie war wie ein Geistchen, der gute Geist des Hauses, wo immer sie weilte.«

Clara Mayer-Bruckmann, 1961

Die »frauenbestrebte« Politikerin

»*Ich hatte immer den Eindruck, daß die schwäbischen Frauen bei
aller Tüchtigkeit doch dem geistigen Fortschritt nur langsam zu gewinnen wären.*«

Mathilde Planck, Lebensgang mit Umwegen, 1955

In ihren Erinnerungen schrieb Mathilde Planck, sie habe mit
achtundddreißig Jahren das Lehrerinnenamt niedergelegt. Sie
muss sich um zehn Jahre vertan haben, denn in den jährlichen
Berichten des Mädchengymnasiums ist sie zumindest noch 1906
verzeichnet. Ganz zu klären ist die zeitliche Abfolge jedoch nicht.
Im für Personalunterlagen zuständigen Staatsarchiv in Ludwigsburg sind keine Akten vorhanden. Sie war wohl etwa achtund-
vierzig Jahre alt, als sie nach rund zwanzig sie erschöpfenden
Berufsjahren beschloss, sich ganz dem »Beruf« zu widmen, in
dem sie ehrenamtlich in ihrer knapp bemessenen Freizeit schon
lange unermüdlich wirkte: in unterschiedlichen berufsorientier-
ten Frauenvereinen, in der Friedensbewegung und in Vereinen
gegen Alkoholmissbrauch und Prostitution. Ganz sicher ist sie
auch von den damals führenden deutschen Vereinsfrauen zur
›Netzwerkerin‹ – so der Sprachgebrauch heute – angespornt worden. Die Generalversammlung des »AdF« – des schon genannten »Allgemeinen deutschen Frauenvereins« – hatte im Herbst
1897 in Stuttgart stattgefunden. Spätestens hier hat sie ihre »Vor-
bilder« persönlich kennengelernt. Männer waren im Vereinsver-
band im Übrigen nur als »Ehrenmitglieder« zugelassen – das
hatte nicht nur in der Presse für Unmut gesorgt. Zudem wurden

die noch bei der Gründung dieses Frauenforums intendierten
»kleinen, leisen Schritte« zunehmend ausholender und lauter.

In vielen Vorträgen und Aufsätzen hat Mathilde Planck sich
besonders innerhalb dieser bürgerlichen Frauenbewegung für
die Gleichberechtigung ihrer »Schwestern« stark gemacht, unter anderem auch mit Vorträgen an der Abteilung »Frauenstudium« der Volkshochschule Stuttgart, an deren Gründung durch
Carola Blume sie 1919 beteiligt gewesen war. Fünfunddreißig
Jahre lang ist sie im »frauenbestrebten« Württemberg – so die
zeitgenössische Bezeichnung –, aber auch über die Region hinaus eine der aktivsten und bekanntesten Frauen gewesen. In
diesen Jahren waren Vereine für Frauen eine wichtige Möglichkeit, auch außerhalb der eigenen vier Wände tätig zu werden.
Das seit 1851 gültige »Preußische Vereinsgesetz« untersagte allerdings noch bis 1908 allen Frauen und männlichen Personen
bis zur Mündigkeit die Mitarbeit in politisch eingestuften Vereinen und Parteien. In Württemberg wurde dieses Gesetz zwar
weniger rigide umgesetzt, eine Parteienmitgliedschaft war für
Frauen aber auch erst am Ende des 19. Jahrhunderts vorstellbar.

Die Zeit ab 1890 erscheint in frauenbewegten Zusammenhängen als Etappe einer möglichen sozialen Befriedung. Nach
Beendigung der Sozialistengesetze, 1878–1890, – viele Genos-
sinnen und Genossen hatten die Emigration gewählt, um nicht
immer wieder in Gefängnisse gesteckt zu werden – und nach
der Entlassung des dafür verantwortlichen Kanzlers Bismarck,
schöpften die fortschrittlich Gesinnten neue Hoffnung. Obwohl
Frauenbeziehungen, eine sich selbst bewusst werdende Frau-
enkultur und schließlich die Organisation von Frauenvereinen
– der »Deutsche Lehrerinnenverein« zum Beispiel hatte um die
Jahrhundertwende 128 Zweigvereine und 32000 Mitglieder – in

der von Männern dominierten Öffentlichkeit als Bedrohung wahrgenommen wurden, war in dieser Zeit ein großer Aufschwung der Frauenbewegungen zu verzeichnen. Auf dem Weg zur Gleichberechtigung war ihr oberstes Ziel immer noch die Verbesserung der Bildungs- und Berufschancen sowie das Frauenwahlrecht. Sie wurden aber auch im Kampf gegen Prostitution und sexuelle Diskriminierung immer deutlicher.

Erstaunlich ist, wie eng das Netz der Beziehungen zwischen den Frauen war, die nun gemeinsam oder an unterschiedlichen Stellen in der Öffentlichkeit im Interesse der Frauen auftraten und pointiert inhaltliche Kritik am Staate formulierten. Irgendwo waren die Anführerinnen dieser Generation sich alle schon einmal begegnet und hatten Freundschaften geschlossen. Diese freundschaftlichen Bande der Frauenkreise oder ein von Frauen kulturell gestalteter gastlicher Rahmen waren in dieser Freundinnenkultur die Basis auch gemeinsamer emanzipatorischer Unternehmungen. Diese persönlich verbundenen Grundlagen der politischen Beziehungen und Bindungen aber erklären auch, warum das Beziehungsnetz in ganz besonderer Weise durch Enttäuschungen, Auseinandersetzungen und auch Feindschaften geprägt und gefährdet war. Bei Mathilde Planck scheint es diese Animositäten nicht gegeben zu haben. Und doch war sie auch zu solchen kritischen Sätzen fähig wie diesem: »Nicht zu leugnen ist, daß unter den Frauen viel engherziges und kleinliches Wesen sich findet.«

»Durch unsere Teilnahme an den großen Tagungen der Verbände fühlten wir uns als Glieder der ganzen vielseitigen Bewegung. Alle Beteiligten waren durch persönliche Erfahrungen hindurchgegangen, hatten die Sehnsucht nach geistiger Betätigung und den Willen zu helfen, soviel an uns war. Unsere Ideale strahlten ihre Leuchtkraft aus, und unsere Beratungen über das zunächst Notwendige waren bei aller Nüchternheit doch immer von der Wärme durchzittert, die unsern großen Versammlungen etwas eigentümlich Reizvolles gaben.«

Mathilde Planck, Lebensgang auf Umwegen, 1955

Vereins- und Zeitungsarbeit

»Wie jede Arbeit, die nicht um persönlichen Vorteils willen geschieht, hat auch diese sich gelohnt. Es war etwas Erhebendes, einer Gemeinschaft anzugehören, die über Länder und Meere sich erstreckte und die eine schönere Zeit für die Menschheit heraufführen wollte. Ich fühle mich ihr heute noch zugehörig.«

Mathilde Planck, Lebensgang mit Umwegen, 1955

Mathilde Planck knüpfte ihre Netze weiter: Frauenemanzipation sollte sich für sie dadurch legitimieren, dass sie sich als gemeinnützig für die ganze Gesellschaft erwies. Ihre zahlreichen Mitgliedschaften und Mitgründungen zeugen von ihrer Vielfalt, Toleranz und von geringen Berührungsängsten. Wie schon erwähnt, war sie seit 1901 als Nachfolgerin der verstorbenen Gertrud Schwend langjährige Vorsitzende des Stuttgarter Ortsvereins »Frauenbildung und Frauenstudium« und von 1906 bis 1916 die Vorsitzende des »Württembergischen Lehrerinnenvereins«, den sie 1890 mitbegründet hatte. Sie leitete zeitweise unter anderem die Frauenlesegruppe, gründete 1908 den »Stuttgarter Frauenklub« und war 1914 anläßlich der Nöte des Ersten Weltkrieges Mitbegründerin der Stuttgarter Filiale des »Nationalen Frauendienstes«, der überparteilich an der »Heimatfront« karitative Hilfe für Familien und Verletzte leistete.

> »Und man sollte nicht vergessen, daß die Schulung des weiblichen Geschlechts für seine nächstliegenden Aufgaben, für die Erziehung der Kinder und für den Haushalt von den Frauenvereinen als das dringlichste erachtet wurde.«
>
> Mathilde Planck

Außerdem war sie 1890 die Gründerin und zeitweilige Vorsitzende des württembergischen Zweigvereins der »Deutschen Friedensgemeinschaft« und der Stuttgarter Gruppe der »Abolitionistischen Föderation«. Bis an ihr Lebensende blieb sie Mitglied beim »Bund vom Blauen Kreuz« und dem »Christlichen Weltbund abstinenter Frauen«. Besonders fühlte sie sich Ottilie Hoffman verbunden, die »eine rege praktisch erzieherische Tätigkeit« für eine »alkoholfreie Kultur« mit der Errichtung von alkoholfreien »Speisehäusern« in ganz Deutschland leistete. Im Jahr 1901 war zudem der »Württembergische Frauenbund«, der Dachverband von zwanzig württembergischen Frauenvereinen nach dem Vorbild des »Bundes deutscher Frauenvereine« von Mathilde Planck gegründet worden. Auch der »Stuttgarter Frauenklub« bündelte unterschiedliche Stuttgarter Gruppierungen und blickte damit auch über den Tellerrand der städtischen Bürgerinnenwelt. Mathilde Planck sah in diesem Forum neue politische Aktionsradien.

Neben der ehrenamtlich geleisteten Vereinsarbeit nutzte Mathilde Planck ihre Redaktions- und Vortragsarbeit, mit der sie ihren »Broterwerb« bestritt, als öffentliche Einflussnahme im Kampf für eine moderat traditionsgebundene Gleichberechtigung für Frauen in Beruf, Ehe und Familie.

Sie wusste, dass das Medium der Zeitungen, das die Frauenpolitik zumeist nur als komische Randerscheinung abtat, als Informationsquelle für Frauen überaus wichtige Dienste leistete. Sie arbeitete als Journalistin und Redakteurin unter anderem für die vom »Schwäbischen Frauenverein« herausgegebenen Zeitung »Frauenberuf«, die seit 1898 das Gesamtorgan der wichtigsten regionalen und kommunalen Frauenvereine war, und für das Blatt »Die Frauenwacht. Zeitschrift zur Förderung der Frauenbestrebungen in Württemberg«, dem gemeinsamen Organ des »Württembergischen Lehrerinnenvereins« und des »Stuttgarter Frauenklubs«.

Die »Frauenwacht« vom 16. Februar 1918 mit einem Titelbeitrag »Von den Rechten der Ehefrau«

Während der Weimarer Republik konnten Journalistinnen das Thema Frauenpolitik kurzfristig aus der Nische der Frauenzeitungen befreien. So konnte die nun als Landtagsabgeordnete bekannte Mathilde Planck von 1921 bis 1927 die Frauenbeilage der in Stuttgart erscheinenden Tageszeitung »Neues Tagblatt«, »Die Rosa Frau«, herausgeben und einschlägige Artikel schreiben – in der ganzen Bandbreite der bisher von ihr beackerten Problemthemen: Familie, Mädchenbildung, Berufschancen für Frauen, Alkoholismus und Prostitution.

Frieden, Krieg und soziales Engagement

»Wir müssen frei werden von dem Wahn, daß die Gewalt die letzte entscheidende Instanz im Leben der Menschheit sei.«

Mathilde Planck, 1914

Zusammen mit Frida Perlen, der Vorsitzenden des Stuttgarter Ortsvereins der »Internationalen Frauenliga für Frieden und Freiheit«, IFFF, der parteiübergreifend Frauen im Kampf gegen den Krieg vereinte, sandte Mathilde Planck, wie schon erwähnt, bei Ausbruch des Ersten Weltkrieges am 3. August ein Telegramm an Kaiser Wilhelm II., mit der Bitte, den Krieg zu vermeiden. Im Klima der vaterländischen Kriegseuphorie hatte sie es gewagt, Widerstand anzumelden. Ob es Reaktionen von oberster Stelle auf ihr Telegramm gab, ist nicht bekannt. Der Krieg konnte jedoch weder von ihr, noch von sozialistischen Pazifisten verhindert werden, die, wie zum Beispiel Clara Zetkin oder Rosa Luxemburg – um auf der Frauenseite zu bleiben –, die Bewilligung von Kriegskrediten im Unterschied zu den

sogenannten Mehrheitssozialisten im Deutschen Reichstag ab-
lehnten.

> »Die damaligen Bemühungen um Völkerverständigung und
> Völkerfrieden hatten in Deutschland einen schweren Stand.
> Wir lebten in der Hochblüte des Militarismus, und wer vom
> Völkerfrieden zu reden sich unterstand, galt nicht nur als
> Träumer und Schwärmer. Er wurde sogar Feind des Vaterlan-
> des geheißen.«
>
> Mathilde Planck, Lebensgang auf Umwegen, 1955

Über den »Frauenklub« hatte Mathilde Planck Begegnun-
gen und briefliche Kontakte auch mit den Kämpferinnen der
»proletarischen Frauenbewegung«. Das war sonst nicht die
Stärke der bürgerlichen Frauen innerhalb des »AdF« oder der
karitativ tätigen Stuttgarter Honoratiorenfrauen, die auch innerhalb des »Frauenklubs« aktiv waren. Sie aber scheute keine Berührungen mit der Arbeiterinnenbewegung. Hier ist vor
allem auch die schon genannte, bis 1926 in Stuttgart lebende
Redakteurin, sozialistische Klassenkämpferin, Frauenpolitike-
rin und ›gelernte‹ Lehrerin Clara Zetkin zu nennen. Sie war
nach der Aufhebung des Sozialistengesetzes 1891 aus der Pari-
ser Emigration nach Stuttgart gezogen, um dort die Redaktion
der wöchentlich erscheinenden sozialistischen »Arbeiterinnen-
zeitung. Die Gleichheit« zu übernehmen. Die beiden Frauen
begegneten sich vorerst noch mit ausgesuchter Höflichkeit und
waren durchaus fähig, die Qualität ihres unterschiedlichen Engagements wertzuschätzen. Doch spätestens mit der Vereinsarbeit für den »Nationalen Frauendienst« war diese freundliche

Toleranz wohl vor allem im pazifistischen Engagement vorbei: Clara Zetkin, 1857–1933, die immer wieder und auch 1912 beim Internationalen Sozialistenkongress in Basel mit ihrer »Rede an die Mütter der Welt« vor dem Krieg gewarnt hatte, war eine entschiedene Gegnerin des »Nationalen Frauendienstes«, den sie für eine kriegsunterstützende Organisation hielt. Sie definierte die Arbeit des Frauendienstes als Kriegsverlängerung zuhause.

Im Gegensatz dazu fühlte sich Mathilde Planck trotz ihrer Teilnahme an der Friedensbewegung einer nationalen Unterstützung verantwortlich, war mit Durchhalteparolen in der »Frauenwacht« zu vernehmen und hatte sich nach Kriegsbeginn nicht den kommunalen Hilfsaufgaben entzogen. Im »Nationalen Frauendienst«, der die »Familien- und Versehrtenpflege« in den so von niemand auch nur geahnten Notzeiten des Ersten Weltkrieges in ehrenamtlicher Arbeit sicherte, war sie eine der vielen Organisatorinnen.

> »Im Jahr 1914 gründete sie den nationalen Frauendienst für Württemberg, eine weitverzweigte Organisation, die ihre Hand für alles Übel des Leibes und der Seele offen hielt, arbeitslose Frauen in Arbeit brachte, Alte betreute, Mütter ärztlich beriet, Kinder speiste und kleidete, Einsame tröstete, Unberatenen beistand.«
>
> Klara Hähnle, 1941

Bald begann sie aber zu zweifeln: » Ich habe eine Zeit lang mitgearbeitet, fühlte mich aber dabei nicht unentbehrlich. Und der Verlust der drei lieben tüchtigen hoffnungsvollen Neffen innerhalb der ersten sechs Kriegswochen hatte neben dem an sich aufregenden Kriegserlebnis mich so mitgenommen, daß ich mich mitten im Winter in die Einsamkeit des Schwarzwaldes flüchten musste. Dort wollte ich mir klar darüber werden, was nun meine Aufgabe und die der tiefer blickenden Deutschen sei.« Sie zog sich in das sie stärkende Werk ihres Vaters zurück und begann, in Vorträgen die Herausgabe seiner philosophischen Arbeiten vorzubereiten. Und noch in einem anderen Zusammenhang wurde sie zunehmend unglücklicher: Sie klagte über den Moralverlust von Frauen und Familien, die sich nicht mehr fortpflanzen wollten, und übersah die Mängel der öffentlichen Wohlfahrtspflege, die hier im Sinne einer hilfreichen Familienplanung wenig Unterstützung brachte. Ihre kritische Haltung, die sich im Laufe der Kriegsjahre noch vertiefte, wird in dem 1919 veröffentlichen Aufsatz »Die Mitarbeit der Frau im Staat und in der Gemeinde« deutlich: »Man mag in dem Geburtenrückgang allerlei verstandesmäßige Überlegung und eine unvermeidliche Folgeerscheinung der wachsenden äußeren Kultur sehen. Dies alles verdeckt doch nicht, daß er im letzten Grunde ein Zeichen schlimmster Entartung ist. Kaum etwas anderes ist dem Frauengeschlecht so tief ins Herz gepflanzt als die Liebe zu den Kindern, als der Wunsch, solch kleine hilflose Geschöpfe zu eigen zu haben.

Auf der anderen Seite haben allerdings manche junge Frauen schon bei der Eheschließung den bestimmten Willen, keine Kinder zu haben, vielleicht noch eine größere Zahl der Männer, die sich verheiraten. Eine teilweise Erklärung kann in dem schrankenlosen Anpreisen und Verkaufen der Präventivmittel gefunden werden. Aber das ganz Unnatürliche der Geburtenverhinderung sitzt doch viel tiefer. Die bedrohliche Erscheinung hängt mit der ganzen Zeitrichtung zusammen.

Im Zusammenhang mit dem bedrohlichen Geburtenrückgang stehen die Geschlechtskrankheiten, die schon vor dem
Kriege in Deutschland einen Ausfall von mehreren hunderttau-
send Kindern jährlich veranlaßten und die seitdem sich noch
weiter verbreitet haben. Für den gesunden und unvoreingenom-
menen Menschenverstand ist es ohne weiteres klar, da die seit-
herige einseitige Bekämpfung jener verheerenden Krankheiten
völlig ungenügend ist. Nur die Prostituierte wird zwangsweise
behandelt, während der geschlechtskranke Mann nicht im mindestens gehindert ist, das Unheil weiter zu verbreiten. Die Herr-
schaft der doppelten Moral, die für den Mann ein schranken-
loses Sichausleben in Anspruch nimmt, wird von den Frauen
mit Recht als das Grundübel angesehen, das allen ernsten und
durchgreifenden Reformen im Wege steht. Wenn aber unsere
Stimme nicht gehört wird, so kann nur immer schlimmer werden. Die doppelte Moral ist ja etwas tatsächlich Undurchführ-
bares, da der lasterhafte Mann das Weib nicht entbehren kann.
Zu allen Zeiten ist daher die Anerkennung der *doppelten* Moral
mit einem schnellen Sinken der *allgemeinen* Moral verbunden
gewesen.

Ähnlich klar ist die Stellung der Frauen gegenüber dem Alkoholismus, der mit der Unsittlichkeit im Bunde steht und sein
gutes Teil am allgemeinen Geburtenrückgang beiträgt.«

Das ist ein deutlicher Rundumschlag gegen eine befürchtete
Verwahrlosung von Frauen und Männern, die Mathilde Planck
auch als Vorsitzende der Stuttgarter Gruppe der »Abolitionistischen Föderation« bekämpfte. Diese Föderation wendet sich
damals wie heute gegen die staatliche Förderung der Prostitution in Bordellen oder den genehmigten Straßenstrich. Um hier
Abhilfe zu schaffen, hielt sie viele Vorträge, die mit Themen wie

»Die doppelte Moral«, »Die Prostitution und das Strafrecht«
oder »Unsere sittlichen Werte und die abolitionistische Föderation« informieren und warnen sollten. Sie scheute sich nicht,
im doch auch pietistisch frömmelnden Stuttgart offen die Probleme eines Prostitutionsverbotes oder das Los der »gefallenen
Mädchen« aufzugreifen und nach Lösungen zu suchen – und
sei es mit dem Verbot einer Bordellstraße in Stuttgart.

Eine von Staats wegen geförderte Familienplanung und -auf-
klärung, wie sie von aufgeklärten ›Sozialplanern‹ gefordert wurde, gab es nicht. Offensichtlich war sie auch für Mathilde Planck
kein Thema. Ihr Anprangern der sozialen Notlage von Frauen
blieb oft kurzsichtig und ambivalent. Sie geißelt zudem das
oben schon zitierte »schrankenlose Anpreisen und Verkaufen
der Präventivmittel« und zieht somit auch die Möglichkeit eines
verantwortlichen Umgangs mit krankheitsverhindernden- und
geburtenverhütenden Hilfsmitteln auch innerhalb von Ehen
nicht in Betracht. Der Erwerb dieser Hilfsmittel war im Übrigen
verboten und für Arme sowieso nicht erschwinglich. Mit dem
Kampf gegen den im ersten Reichsgesetzbuch 1871 niederge-
legten Paragraphen 218, der die an einer Abtreibung Beteiligten
mit Zuchthaus und später mit Gefängnis bestrafte, hatte Mathilde Planck nichts im Sinn. Die Bekämpfung dieses sogenannten »Schandparagraphen« war dagegen ein zentrales Anliegen
der proletarischen Frauenbewegung, die Mathilde Planck ganz
offenbar nicht als »Frauenbewegung« wahrnahm. Der Kampf
für eine medizinische Indikation war erst 1926 siegreich, wurde aber von vielen Ärzten verweigert. Die heutige sogenannte
soziale Indikation mit Beratungspflicht, die einen Schwanger-
schaftsabbruch aus medizinischer, kriminologischer, eugeni-
scher Indikation oder aus einer Notlagenindikation ermöglicht,

existiert erst seit 1976 – nach einer langen unseligen Geschichte der Kriminalisierung von Frauen und Ärzten.

Auch der Bewegung von Sexualreformern, die zwischen 1919 und 1932 über 400 Sexualberatungsstellen in Deutschland gründeten – sie wurden hauptsächlich von der Sexualreformbewegung, dem »Bund für Mutterschutz und Sexualreform«, dem »Reichsverband für Geburtenregelung und Sexualhygiene«, der »Internationalen Arbeiterhilfe«, dem »Bund für Geburtenregelung und Volksgesundheit« oder der »Liga für Mutterschutz und sozialer Frauenhygiene« getragen –, fühlte sie sich nicht nahe. Diese Beratungsstellen, die im Übrigen von den Nationalsozialisten nach ihrem Machtantritt sofort geschlossen und zerschlagen wurden, leisteten in einem vom Staat nicht legitimierten Graubereich Aufklärung und verteilten kostenlos Verhütungsmittel.

Das war nicht vereinbar mit Mathilde Plancks idealistischen Vorstellungen einer ›allgemeinen Moral‹. Die wirtschaftlichen Zwänge und Notlagen vieler Bevölkerungsschichten schien sie in ihrer Brisanz nicht wahrzunehmen. Sie vertrat vielmehr den hochgesteckten Ehrenkodex einer vielleicht manchmal selbstgerechten, höchst genügsamen, wertkonservativen und aufrechten Frau, die in der Bescheidung ihren Weg gefunden hatte: Die Vegetarierin, Nichtraucherin und Alkoholgegnerin trug demonstrativ das Blaue Kreuz des »Bundes vom Blauen Kreuz « als Zeichen ihrer Verurteilung des Alkoholmissbrauchs, obwohl sie wusste, dass »man sich in Deutschland nicht beliebt« machte, »wenn man von gewissen Übeln redete, die gerne verborgen sein wollten«. Sie war dennoch keine Dogmatikerin, weil ihr bewusst war, dass auch »Menschen, die im Dienst eines Ideals stehen, ihre Schwächen haben«. Sie selbst verehrte Mahatma

E. KRUKENBERG–CONZE

PAULA MUELLER

MARIANNE WEBER

AGNES KARLL

NATALIE VON MILDE

HEDWIG DRANSFELD

Vorkämpferinnen

Liberalkonservative deutsche Frauenpolitikerinnen der bürgerlichen
Mitte im Umfeld von Mathilde Planck

Gandhi und Jesus gleichermaßen. Sie prangerte Tabus in vielen
Bereichen an und widersetzte sich auch gängigen unlauteren
Moralvorschriften. Die von ihr vorgelebte Integrität konnte jedoch die von ihr erhoffte Ausmerzung der angeprangerten gesellschaftlichen Probleme nicht leisten. Ihr Engagement blieb
in diesem Zusammenhang oft im Ungefähren stecken.

Die bürgerliche Frauenbewegung, wie sie auch von Mathilde
Planck repräsentiert wurde, war so trotz ihres Kampfes für die
Frauen- und Mädchenbildung und die damit verknüpfte Erhö-
hung von Berufschancen, den Traditionslinien und -themen, bei
denen der Erhalt der Familie an oberster Stelle stand, treu verbunden. Die radikale und proletarische Frauenbewegung dagegen ging offensiver vor und kämpfte mit Mitteln und Signalen,
die unserer schwäbischen »frauenbestrebten« Kämpferin sicher
widerstrebten. Die kleine, zierliche, unauffällig gekleidete Frau
wäre wohl auch nie in die Gefahr gekommen, nach Paragraph
361,6 des Strafgesetzbuches aufgegriffen zu werden. Denn danach wurde »eine Weibsperson« mit Haft bestraft, »welche wegen gewerbsmäßiger Unzucht einer polizeilichen Aufsicht unterstellt ist, wenn sie den in dieser Hinsicht zur Sicherung der
Gesundheit, der öffentlichen Ordnung und des öffentlichen An-
standes erlassenen polizeilichen Vorschriften zuwiderhandelt,
oder welche, ohne einer solchen Aufsicht unterstellt zu sein,
gewerbsmäßig Unzucht treibt.«

Jeder Polizist konnte jede beliebige Frau unter dem bloßen
Verdacht der gewerbsmäßigen Unzucht auf die Polizeiwache
bringen und an ihr eine Zwangsuntersuchung vornehmen lassen. Vor diesem Gesetz waren alle Frauen gleich. Selbst wenn
eine Frau unter einem anderen Verdacht inhaftiert wurde,
konnte eine Zwangsuntersuchung angeordnet werden. Miss-

griffe waren im Deutschen Reich allzu häufig vorgekommen, selbst eine der führenden Frauen der sogenannten radikalen Frauenbewegung, die 1897 in Zürich promovierte Juristin Anita Augspurg, war im November 1902 aufgrund dieses Paragraphen festgenommen worden. Sie trug eine Kurzhaarfrisur und »Reformkleidung«, – ein Grund mehr, verdächtig zu sein. Daraufhin war von vielen frauenpolitisch arbeitenden Vereinen die Abschaffung dieses geschlechtsspezifischen Ausnahmegesetzes gefordert worden. Auch in Stuttgart hatte es einen solchen »Missgriff« gegeben. Allerdings hatte der zu einer Disziplinarstrafe für den verantwortlichen Beamten geführt.

Dieser Vorfall war 1903 in Stuttgart der Anlass für die Einstellung der ersten deutschen Polizeiassistentin gewesen, um bis zur vollständigen Abschaffung des Paragraphen Übergriffe durch die Polizei(-behörde) zu verhindern. Die in der »Sitte« tätige Polizeiassistentin hatte bei den in den Morgenstunden stattfindenden polizeiärztlichen Untersuchungen stets anwesend zu sein und dabei dem Stadtarzt Assistenz zu leisten. Diese Position hatte die als Krankenschwester ausgebildete Henriette Arendt, 1874–1922, übertragen bekommen. Sie deckte zwar Ursachen und Zusammenhänge auf, konnte aber auch wegen der mangelhaften finanziellen Ausstattung der Stelle kaum Wege zur Lösung der Probleme aufzeigen. Die Stadt zählte damals rund 177000 Einwohner, wovon rund 92000, also weit über die Hälfte, Frauen waren.

Die Schaffung einer Dienststelle, wie sie Henriette Arendt innehatte, war wohl auch nicht auf die Absicht zurückzuführen, den Beruf für Frauen zu öffnen. Die wilhelminische Gesellschaft samt ihrer Ordnungsorgane war vielmehr nicht länger in der Lage, mit dem sozialen Elend, der Armut und der

Wohnungsnot der weniger begünstigten Menschen der sogenannten Gründerjahre des Deutschen Reiches fertig zu werden,
mit dem Problem wilder oder reglementierter Prostitution, mit
Hygienebestimmungen und Geschlechtskrankheiten, die noch
nicht erfolgreich therapierbar waren, mit alleinstehenden Frau-
en, deren ernsthafte Berufstätigkeit dubios erschien, weil sie
im allgemeinen Bewusstsein noch keine Selbstverständlichkeit
hatte und weil außerhalb des Hauses arbeitende »Frauensper-
sonen« noch immer verdächtig waren – hatten sie sich in der
Bürgerschicht doch erst seit rund einer Generation überhaupt
die Möglichkeit erkämpft, wenn schon nicht als verheiratete
Frau, dann zumindest als »Junggesellin« erwerbstätig sein zu
dürfen.

Als Henriette Arendt nach anstrengenden Jahren »gegangen« worden war – sie hatte sich wegen der Veröffentlichung
der miserablen Zustände nicht nur mit der Stadtverwaltung,
sondern auch mit vielen karitativ arbeitenden Honoratiorenfrauen angelegt –, schrieb sie 1907, um ihre Position gegenüber den öffentlichen Angriffen noch einmal darzulegen, ein
Buch mit dem Titel »Menschen, die den Pfad verloren. Erleb-
nisse aus meiner fünfjährigen Tätigkeit als Polizeiassistentin
in Stuttgart«. Das Vorwort dafür schrieb der Pastor und Schriftsteller Friedrich Naumann, der 1918 die Deutsche Demokratische Partei, die DDP, in Württemberg und auf Reichsebene
gründen sollte – und Mathilde Planck war eine der Mitgründerinnen. Von diesem liberalen Politiker hatte Henriette Arendt
– sie war im Übrigen die Tante der späteren Philosophin Han-
nah Arendt – Unterstützung bekommen. Er hatte die fast un-
überwindbare doppelte Moral ihres Auftrages erkannt und hielt
trotz der Niederlage dieser ersten deutschen Polizistin weiter-

hin die psychologische und institutionelle Notwendigkeit von weiblichen Beamten in der »Sitte« für unabdingbar. Mathilde Planck teilte in vielen Punkten die Auffassung der Stuttgarter Polizeiassistentin, vor allem deren auch oben schon zitierten und übernommenen Vorwurf, dass »nur die Prostituierte zwangsweise behandelt wird, während der geschlechtskranke Mann nicht im mindestens gehindert ist, das Unheil weiter zu verbreiten«.

Die linksliberale Orientierung des Parteivordenkers Naumann bot Mathilde Planck eine geistig-politische Heimat und alsbald neue Möglichkeiten, sich mit ihren alten und doch immer wieder neuen Themen einzubringen. Sein »Verständnis für die Frauenbewegung und für die sozialen Probleme« hat ihrer Meinung nach dazu geführt, dass »nicht nur in Württemberg, sondern in ganz Deutschland die meisten in der Frauenbewegung tätigen Frauen sich der Partei Neumanns angeschlossen haben, da wir hier am besten für den sozialen Neubau zu wirken hofften«. War die Frauenbewegung an sich also nur eine bürgerliche Bewegung? Für Mathilde Planck gab es da anscheinend keine Alternativen.

> »Es war in aller schmerzlichen Verwirrung jener Tage ein vielversprechender Anfang. Denn alle Menschen waren aufgerüttelt und zu etwas Neuem, Besserem bereit. Aber dasselbe Zurücksinken in alte Bahnen, das wir der heutigen politischen Führung zum Vorwurf machen, ist auch damals geschehen und ist zum Verhängnis geworden.«
>
> Mathilde Planck, Lebensgang mit Umwegen, 1955

Die Landtagsabgeordnete –
Theorie und Praxis

*»Der rein kapitalistische Geist des gegenwärtigen Lebens, die unge-
heure Überschätzung des Geldes und des Genusses hat die Einflüsse
der Familie mit ihren natürlichen gesunden Wertmaßen weit zu-
rückgedrängt.«*

Mathilde Planck, 1919

Der formelle Wegfall geschlechtsgebundener politischer Schranken bedeutete auch einen Zuwachs an Entscheidungsoptionen
und Wahlfreiheit für die weibliche Bevölkerung, die etwas mehr
als die Hälfte der Gesamtbevölkerung ausmachte. Seit 1908
hatten sich Frauen auch auf Reichsebene politischen Vereinen
und Parteien anschließen können. Seit 1918 durften sie nun
politische Gremien und Parlamente wählen und waren selber
wählbar. Seit 1919 war durch die Weimarer Verfassung ihre volle staatsbürgerliche Gleichberechtigung festgeschrieben, und
nun mussten sie als politische Kraft ernst genommen werden.
Dass es überhaupt so weit gekommen war, verdankten sie der
jahrzehntelangen Lobbyarbeit, die bürgerliche Frauen und Ar-
beiterfrauen für die Emanzipation aller Frauen aus rechtlichen,
politischen und ökonomischen Zwängen geleistet hatten. Die
bürgerliche, nicht parteilich eingebundene Frauenbewegung
zählte kurz vor dem Ersten Weltkrieg eine halbe Million Mitglieder; die sogenannte proletarische, die als separater Teil des
sozialdemokratischen Partei- und Vereinswesens agierte, war
noch größer.

Die Wahlbeteiligung, besonders die der Frauen, war nie mehr so hoch wie beim ersten Wahlgang im Januar 1919. Sie betrug fast neunzig Prozent. Im Reichstag waren zehn Prozent der Abgeordneten Frauen. Es sollte noch bis 1984 dauern, bis in einem (west-)deutschen Parlament wieder ein ähnlich hoher Anteil an Frauen unter den Abgeordneten erreicht werden sollte. 1919 waren in der Verfassunggebenden Nationalversammlung von 423 Abgeordneten einundvierzig Frauen, davon bei den Mehrheitssozialisten zweiundzwanzig, bei der USPD drei, bei der DDP sechs, bei der Deutschnationalen Volkspartei drei, der Deutschen Volkspartei eine und beim Zentrum sechs. Dieser Anteil ging aber im Lauf der Jahre auf sechs Prozent zurück, bis die Frauen nach Hitlers »Machtergreifung« aus allen öffentlichen Gremien entfernt wurden.

Wie waren die Verhältnisse in dem neugeschaffenen »Freien Volksstaat Württemberg«? Nach der Absetzung des Königs Wilhelm II. im revolutionären Finale nach Kriegsende und der im November 1918 reichsweiten Einführung des geheimen, freien und allgemeinen Wahlrechts für Männer und Frauen ab zwanzig Jahren hatten Frauen das aktive und das passive Wahlrecht. Und die Pflicht zum Gemeinwohl rief Mathilde Planck noch einmal, obwohl sie für ihr Leben andere Pläne geäußert hatte, wie es Klara Hähnle in ihrer Rede zum 80. Geburtstag der Kollegin und Freundin wie folgt beschrieb: »Als sie sich im Jahre 1916 vom Vorsitz des Lehrerinnenvereins zurückzog, tat sie's mit der Begründung, daß sie sich der Herausgabe und Bearbeitung von ihres Vaters Werk widmen wollte. Diese Tätigkeit hat wohl schon immer ihre Mußestunden erfüllt und in den letzten Jahren ihre Kraft beansprucht.«

Mathilde Planck stellte sich trotz ihres privaten Rückzugs

zur Wahl und wurde als eine der dreizehn ersten weiblichen
Landtagsabgeordneten 1919 in die Verfassunggebende Landesversammlung Württembergs gewählt. Bei 154 männlichen Abgeordneten entsprach dies zwar nicht ganz den zehn Prozent

Verfassungsgebende Versammlung im Stuttgarter Halbmondsaal des württembergischen Landtags; vorne links Mathilde Planck (Pfeil)

der Nationalversammlung, aber es sollte noch schlechter kommen. Mathilde Planck blieb von 1920 bis 1928 Mitglied des Landtags. Sie erlebte damit den auch frauenpolitisch kurzen Aufbruch und den Untergang der Weimarer Republik. Schon 1920 waren im Landtag nur noch fünf weibliche Abgeordnete, 1930 nur noch drei. Frauen wurden immer seltener auch von Frauen gewählt und zudem von den Parteien auf den Wahllisten schlecht plaziert. Sie selbst schrieb in ihren Erinnerungen im Kapitel »Erweiterter Wirkungskreis«: »In den neun Jahren, die ich als Mitglied des württembergischen Landtags die politische Verantwortung mitgetragen habe, gab es manches auszugleichen und früher Versäumtes nachzuholen, namentlich für die im Lehrberuf und in andern Beamtenstellen tätigen Frauen die noch bestehende Benachteiligung zu beseitigen.

Später, in den letzten Jahren meiner politischen Tätigkeit, habe ich es für meine Aufgabe gehalten, die Grundgedanken der Demokratie den Frauen nahe zu bringen, vor allem, das Bewusstsein der Mitverantwortlichkeit an den gemeinsamen Angelegenheiten in ihnen wachzurufen.

Von Anfang an bis zuletzt habe ich auch versucht, etwas von den Planck'schen Rechtsgrundsätzen zur Geltung zu bringen. Ich weiß nicht, ob dieses Mühen Frucht getragen hat. Vielleicht ist es doch nicht ganz umsonst gewesen.«

Das ist für sie im Nachhinein das Fazit ihrer neunjährigen politischen Tätigkeit. Nichts ist über ihre Gefühle zu erfahren: Immerhin musste es doch ein erhebender Augenblick gewesen sein, das Parlament zu betreten, diesen bislang nur den Männern vorbehaltenen legendären Halbmondsaal des württembergischen Landtags in der Stuttgarter Kronprinzstraße, der im Zweiten Weltkrieg zerstört wurde. Frauen hatten ja seit der Märzrevolution 1848/49 nie mehr ein Parlament oder einen Gemeinderat betreten dürfen. Auch waren sie damals nur als Besucherinnen und als Angehörige der Abgeordneten auf den Rängen zugelassen gewesen.

Kein Wort fällt über eine Willkommenshaltung oder eine eventuelle Abwehr der männlichen Abgeordneten. Die nun siebenundfünfzigjährige Mathilde Planck, für die es selbstverständlich schien, dabei zu sein, nennt nicht einmal die Namen der neuen und wechselnden Regierungsmannschaften und Ministerpräsidenten während ihrer parlamentarischen Laufbahn. Nichts ist über Wilhelm Blos zu lesen, dem SPD-Mann, der das

Land vom November 1918 bis Sommer 1920 als Ministerpräsident führte, nichts von seinem Nachfolger, dem DDP-Mitglied Johannes von Hieber, der bis April 1924 als württembergischer Staatspräsident im Amt war, nichts von Wilhelm Bazille, der als Mann der Württembergischen Bürgerpartei, dem Ableger der rechtskonservativen DNVP, bis 1928 dessen Nachfolge antrat, und nichts vom Zentrumsmann Eugen Bolz, der 1933 nach der Gleichschaltung des Landtags durch die Nationalsozialisten aus seinem Amt vertrieben wurde und 1945 unter dem Fallbeil starb. Am 31. März 1933 war der Vierte Landtag aufgelöst worden. In der Folge wurden die Abgeordneten »berufen«.

> »Mathilde Planck war kein Mann im Weiberrock. Sie war durch und durch Frau geblieben: eine überaus zarte, kleine, sehr schüchterne Frau, der es sichtlich große Überwindung kostete, in der Öffentlichkeit zu sagen, was sie für recht und richtig hielt, und es so zu sagen, daß die Zuhörer den Eindruck mit nach Hause nahmen: ›Diese Frau meint, was sie sagt.‹«
>
> Anna Haag, 1961

Mathilde Planck berichtet auch nicht über die Schwierigkeiten des Beginns und die Auseinandersetzungen innerhalb der politischen Lager und innerhalb der erstarkten »Linken«. Die Namen ihrer Mitstreiterinnen bleiben unerwähnt, obwohl für die Verfassunggebende Versammlung Württembergs ihre oben zitierte Einschätzung stimmte: In diesem Gremium waren die in ihrem Sinne »frauenbewegten« Frauen am stärksten in ›ihrer‹ Partei vertreten.

Die Kräfteverhältnisse in der Verfassunggebenden Landesversammlung, die am 12. Januar 1919 gewählt worden war, waren für einen politischen Neuanfang mit demokratischen Vorzeichen nicht günstig. Die Notzeiten nach dem verlorenen Krieg und die wirtschaftliche Misere der Weimarer Republik schufen kein gutes Klima für eine gerechtere Gesellschaft. Die SPD ging zwar mit sechsundfünfzig Mandaten aus den Wahlen hervor, sah sich aber in ihren hochgespannten Erwartungen auf eine absolute Mehrheit getäuscht. Sie hatte nur vier Frauen in der ›Mannschaft‹: Mathilde Brückner, Emilie Hiller, Laura Schradin und Fanny Vorhölzer. Die DDP stellte mit achtunddreißig Abgeordneten die zweitstärkste Fraktion, und hier waren es fünf weibliche Abgeordnete, die in der Fraktion mitredeten: Thekla Kauffmann, Marie Keinath, Ella Müller, Mathilde Planck und Eugenie Willig. Ob es wohl auch Fraktionszwänge gab, bei denen die gewählten Politikerinnen Kompromisse einzugehen hatten? Die Zentrumspartei mit einunddreißig Sitzen war die drittstärkste Fraktion und konnte drei Frauen vorweisen: Mathilde Kühnert, Luise Rist und Amelie von Soden. Die vierzehn Abgeordneten des Württembergischen Bauernbundes hatten sich mit den elf Mitgliedern der Fraktion der Württembergischen Bürgerpartei/DNVP zu einer Fraktionsgemeinschaft zusammengeschlossen. Hier gab es keine weibliche Abgeordnete. Erst im zweiten und vierten Landtag war dann Klara Klotz als Mitglied der Württembergischen Bürgerpartei die einzige weibliche Abgeordnete dieses Bündnisses. Die vier Abgeordneten der Unabhängigen Sozialdemokraten USPD hatten keinen Fraktionsstatus, dafür aber eine Frau als Abgeordnete. Diese sprach als älteste der nun mitarbeitenden Frauen mit 61 Jahren am 29. Januar 1919 als eine der ersten deutschen Frauen in ei-

nem Parlament. Es war Clara Zetkin, die sich wegen der Kriegs-
politik von der SPD getrennt hatte und sich nun in einer langen
Rede die Herren und Damen Abgeordneten ›zur Brust nahm‹:
Weder war sie der Meinung, dass das Frauenwahlrecht trotz
heftiger Auseinandersetzungen darüber auch im Landtag schon
vor dem Krieg wirklich geplant worden war. Sie sah in dieser
Behauptung die gesamten Frauenbewegungen in ihrem Erfolg
geschmälert – und war enttäuscht, dass der sich nun konstituie-
rende »Freie Volksstaat« die von ihr geforderte Aufhebung der
Klassengesellschaft nicht umzusetzen gewillt war. Clara Zetkin
ist noch für eine andere außergewöhnliche parlamentarische
Rede bekannt: Sie war nicht nur eine der ersten, sondern auch
eine der letzten Frauen, die im demokratischen Deutschland gehört wurden. 1920 war sie in den deutschen Reichstag gewählt
worden und war dort bis zu dessen Auflösung Abgeordnete. In
ihrer berühmten Eröffnungsrede als Alterspräsidentin sollte sie
am 30. August 1932 vor den Faschisten warnen.

Mathilde Planck, die in der DDP von 1919 bis 1920 und
von 1925 bis 1928 auch Mitglied des »Reichs-Parteiausschus-
ses« war, hatte auch zu Beginn der Weimarer Republik für den
Reichstag kandidiert, war aber nicht gewählt worden. Sie vertrat im Württembergischen Landtag eine liberale, berufsorien-
tierte Frauenpolitik für Bürgerinnen, die gleiche Rechte wie die
Bürger erhalten sollten. 1919 präzisiert sie in ihrem Vortrag zur
»Mitarbeit der Frau in Staat und Gesellschaft« folgendes: »Auf
die Frauen fällt nun immer unabweisbarer die Pflicht, ihre Stellung zu allen Fragen des heutigen Lebens, soweit es noch nicht
geschehen ist, klar herauszuarbeiten. Und zugleich müssen sie
sich dessen bewußt werden, was sie an eigenen Werten für die
weitere sittliche und geistige Entwicklung unseres Volkes ein-

zusetzen haben. Von diesen Seiten her müssen wir darauf hinwirken, daß eine zweckmäßige wesensgemäße Arbeitsteilung zwischen Mann und Frau gefunden wird, nachdem längst die ehemalige sich verschoben hat. Wir stehen noch allzu sehr im Regellosen und Zufälligen; erst ein geordnetes, aus *verantwortlichen* Gliedern sich zusammensetzendes Wirtschaftsleben wird die Überbelastung der Frau auf der einen, ihre Untätigkeit auf der anderen Seite aus der Welt schaffen.

Einstweilen kommt es uns darauf an, die verantwortlichen helfenden Kräfte zu mehren und zu stärken, die unverantwortlichen selbstsüchtigen zu mindern und zurückzudrängen. Je mehr die Wirkungsmöglichkeit der ersteren sich ausbreitet, umso mehr werden auch die gesunden lebensvollen Mächte in unserem Volksleben an Einfluß gewinnen.«

Diese klare ›Herausarbeitung‹ versuchte sie auch als Abgeordnete zu untermauern und zu stützen, aber sie selbst scheint da eher abwägend, detailverliebt und subjektiv gewesen zu sein. Dafür nur ein Beispiel: Während einer Landtagsdebatte am 25. Juli 1923 äußerte auch sie sich zur Situation der verheirateten Beamtin, der in Württemberg entgegen der Reichsverfassung vorerst nicht mehr gekündigt werden konnte. Sie unterstrich hier, »daß die sogenannte bürgerliche Frauenbewegung es nie an Anstrengungen hat fehlen lassen, die Schranken zu beseitigen, die den Frauen im Erwerbsleben gestellt waren und daß sie sich auch alle Mühe gegeben hat, den Frauen alle Berufe zu erschließen unter denselben Bedingungen und mit denselben Rechten wie den Männern«. Aber Mathilde Planck wollte dann doch »darauf hinweisen, daß die große Anzahl der Lehrerinnen zum Beispiel sich nicht für die verheiratete Lehrerin aussprechen kann. Sie steht auch auf dem Standpunkt, dass es nicht gut wäre, wenn wir verheiratete Lehrerinnen in großer Zahl hätten. Im Einzelfall natürlich lehnt sie die verheiratete Lehrerin nicht ab, weil eben durch die Not der Zeit in einzelnen Fällen der Doppelberuf unvermeidlich ist.«

Die ledige ehemalige Lehrerin Mathilde Planck sah im Doppelberuf eine Gefahr der Nichtbeschäftigung junger Lehrkräfte und mahnte gut versorgte verheiratete Lehrerinnen, auf den Beruf zu verzichten. »Ich habe also abschließend zu sagen, wir stehen auch auf dem Boden der Reichsverfassung, billigen aber im übrigen das Verfahren der württembergischen Regierung besonders den Lehrerinnen gegenüber. Was aber sonst in der Stellung der weiblichen Beamten in Württemberg des Ausgleichs bedürftig ist, das unterstützen wir natürlich mit all unseren Kräften.« Hier ist hinzuzufügen, dass die Nationalsozialisten das Problem des Doppelberufes im »Dritten Reich« mit der Entlassung von Frauen ›lösten‹. Jedoch änderte sich der Bedarf an Lehrerinnen ab Kriegsbeginn dann wieder. Nun waren die verheirateten Beamtinnen wieder gefragt.

Eine ähnliche Ambivalenz wie in diesem geschilderten Fall kann bei der Abgeordneten Planck sonst nicht konstatiert werden. Sie setzte sich im Landtag uneingeschränkt für die Waisenpflege, gegen Alkoholmissbrauch und gegen die aus ihrer Sicht »staatliche Förderung« der Prostitution ein sowie für einen liberaleren Strafvollzug und für Erziehungs- und Schulfragen. Von 1920 bis 1924 war sie im Finanzausschuss, von 1924 bis 1928 im Petitionsausschuss Mitglied, zum Teil auch als Vorsitzende. Wenn sie im Landtag das Wort ergriff, gelang es ihr meistens, sich trotz ihrer immer noch vorhandenen Schüchternheit durch eine würdevolle Bestimmtheit bei den männlichen Abgeordneten Gehör zu verschaffen.

Zum Ende ihrer Landtagszeit bemerkt sie in ihren Erinnerungen: »Als ich im Jahr 1928 aus der politischen Arbeit ausschied, war innerhalb der demokratischen Fraktion, der ich angehörte, schon von Dingen die Rede gewesen, die man nur als Verfallserscheinungen betrachten konnte und die auch von meinen politischen Freunden für äußerst bedenklich gehalten wurden. Es war die Tatsache, daß eine große Zahl von Abgeordneten im Solde von Wirtschaftsgruppen stand, also einseitige Interessenpolitik trieb, was natürlich nach außen verschleiert wurde, aber eben deshalb umso fataler wirken musste. Die Fragwürdigkeit unseres Parteiwesens, in dem der Aufrechte, Redliche immer seltener wurde, ist mir schon damals klar geworden. Die Weimarer Republik war kein fest gegründetes Haus.«

Außerhalb des Parlaments war aber die Zeit auch nicht stillgestanden: Die Weimarer Republik steht ja nicht nur für politische Auf- und Abbrüche, sondern in Zusammenhang damit auch für gesellschaftliche und kulturelle Aufbrüche und Notlandungen, für künstlerische Aktionen, Reaktionen und Provokationen, für menschliche Größe und den Beginn einer ungeahnten Brutalität. Besonders für Frauen hatte durch beide Weltkriege ein Emanzipationsschub stattgefunden. Dieser Wandel wurde auch von Mathilde Planck in Vorträgen und Aufsätzen analysiert, auch in dem schon oben zitierten Vortrag: »Spricht man aber von den Leistungen der Völker in der Kriegszeit, so ändert sich das Bild. Genau wie die Manneskraft im vollsten Umfang zu Verteidigung herangezogen wurde, so sind überall die Frauen in die für die heimische Arbeit entstandenen Lücken getreten. Es war nicht mehr die Rede davon, ob die Frau sich körperlich oder geistig für diese und jene Arbeit eigne. Man brauchte sie an Maschinen, die sonst besondere Muskelkraft zur Bedienung verlangt hatten. Man übertrug ihr z. B. den Unterricht an Knabenklassen, für deren Führung sonst die männliche Tatkraft als unentbehrlich gegolten. Die Organisation der Fürsorge in Kriegsnot übernahmen sie teils selbständig, teils im Dienst der Gemeinden; und viele ehrenamtliche Arbeit, für die einst Übung und Erfahrung im öffentlichen Dienst notwendig schien, geschieht heute durch weibliche Kräfte. Sicher müssen sich viele Frauen überarbeiten. Sind doch die für ihre Beschäftigung in der Industrie getroffenen Schutzbestimmungen durch die Not der Zeit außer Kraft gesetzt.« So Mathilde Planck in ihrem Aufsatz »Die Mitarbeit der Frau im Staat und in der Gemeinde« von 1919.

Und doch sah sie in dieser Veränderung nicht nur eine neue Qualität, sondern auch einen gesellschaftlichen Verfall. Die »neue Frau« der zwanziger Jahre liebte alles in der Mode, in der Bewegung und in der Beziehung zum eigenen Körper, was sie nicht einengte. Und selbst die Liebe hatte sie befreit, und uneheliche Kinder sollten keine Schande mehr bedeuten. In diesem Bereich lagen jedoch nicht die Prioritäten der alten Dame Planck. Ihr Lebensumfeld war mit anderen Problemen behaftet. Sie lebte während ihrer Abgeordnetenzeit in Beuren bei Nürtingen im gemeinsamen Haushalt mit der Mutter, der Schwester Marie und dem Bruder Hermann. Sie verlor sie alle drei in den Jahren zwischen 1925 und 1930.

»Es war, glaube ich, in Beuren, wo ich zuerst Kontakt mit der Familie von Mathilde Planck bekam, die mir verwandtschaftlich nahe stand. Obwohl ich nur ein paar Stunden zu

Besuch war bei der Witwe des berühmten Philosophen Karl Christian Planck, ist mir bis heute die Erinnerung an ein patriarchalisches Zusammenleben geblieben, an die ehrwürdige Gestalt meiner Tante im silberweißen Haar, die eine unendliche Güte und Mütterlichkeit ausstrahlte. Wie liebten sie dieses einfache schlichte Landleben, den Garten, der brachte, was sie zum Leben brauchten und der den Nachtisch spendete in der Beeren- und Obstzeit und die Blumen auf dem Tisch.«

Clara Mayer-Bruckmann, 1961

Mitgründerin der Bausparkasse Wüstenrot und des Mathilde-Planck-Hauses in Ludwigsburg

Es hieß sich umorientieren: Wegen der drückenden Wohnungsnot begann Mathilde Planck, sich für den sozialen Wohnungsbau zu engagieren. Schon 1921 war sie zusammen mit dem ihr befreundeten Georg Kropp Mitbegründerin des Vereins »Gemeinschaft der Freunde« gewesen. Aus dieser Gemeinschaft ging später die erste deutsche Bausparkasse, die »GdF Wüstenrot« hervor. Mit Hilfe des »Deutschen Altersheimvereins«, dieser Bausparkasse und der Stadt Ludwigsburg konnte sie 1930 den Bau eines der ersten, nach modernen Gesichtspunkten konzipierten Altersheime in Ludwigsburg erstellen lassen, um »beim Zusammenleben alter vereinsamter Menschen eine geistige Gemeinschaft« zu ermöglichen. Das Haus, das nur von 1931 bis 1936 existierte, wurde nach ihr benannt, und sie widmete sich als Namenspatronin auch höchstpersönlich der Hausverwaltung. Außerdem konnte sie die mit ihr befreundete Dichterin Therese Köstlin als überaus geschätzte Nachbarin gewinnen.

Ihre weitläufige Base Clara Mayer-Bruckmann erinnerte sich 1961 auch an diese Wohnstätte: »In dem schönen Altersheim in Ludwigsburg, ihrem eigensten Werk, waren wir wiederholt zu Gast. Ich konnte mir keinen schöneren Aufenthalt für den Lebensabend denken wie diese Insel des Friedens mit dem herrlichen Blick von der Plattform des Hauses nach Marbach hinüber. Und dann der Garten, dem ihre ganze Liebe und Pflege gehörte, beraten von einem tüchtigen Gärtner. Der weihevollste Raum war das große Musikzimmer, zugleich Wintergarten mit schönen Gemälden und kostbaren Teppichen. Der Blick ging durch hohe Fensterscheiben hinaus zu Bäumen und Blumen, zu allem Lebendigen. Der Geist des Hauses bekundete sich schon darin, dass vor jeder Mahlzeit etwas kurzes, Einprägsames von Frl. Planck vorgelesen wurde, um aus dem Alltag zu Höherem hin zu lenken. Ist es ein Wunder, dass sie sich schweren Herzens von dieser ihr so lieb gewordenen Stätte trennte, als es ihr im 3. Reich entrissen wurde?«

Ohne ihr Wissen – sie lebte im Winter 1935/1936 mit einer schwer kranken Freundin in Teneriffa –, wurde »ihr neuzeitliches Altersheim« von der GdF an die Reichswehrverwaltung verkauft, von den Nationalsozialisten geschlossen und zweckentfremdet. Kommentar der GdF: »Fräulein Planck ist als Ehrenvorsitzende und Mitglied der Gesellschaft ausgeschieden, da sie wegen des Verkaufs des überschuldeten Mathilde-Planck-Hauses verbittert sei.« Aus dem Vorstand des GdF war sie schon Mitte 1933 auf ihren Wunsch hin verabschiedet worden. Streitigkei-

ten hatte es auch mit der Stadt Ludwigsburg gegeben, weil sie es
»versäumt« hatte, eine »Nazifahne« zu besorgen und für deren
Befestigung einen Flaggenkorb am Haus anbringen zu lassen.
Auch hatte sich die erhoffte Gemeinsamkeit im Ludwigsburger
Heim mit der »Machtergreifung« Hitlers als brüchig erwiesen.
Da die Hauschefin pazifistische ausländische Zeitungen abon-
niert hatte, wurde sie des Vaterlandsverrats verdächtigt und ge-
riet ins Visier der Machthaber. In ihren Erinnerungen vermerkt
sie: »Es war ein großer Jammer der Bewohner des Hauses, als
der Verkauf bekannt wurde. Die Einwohnerschaft der Stadt war
empört. Aber gegen die Partei und ihre Willkürakte durfte ja

»Gruppenbild mit Dame«: Die Landtagsabgeordnete Mathilde Planck Anfang der 1920er Jahre als einzige Frau im Vorstand der GdF Wüstenrot. Rechts neben ihr ist der Mitbegründer der Bausparkasse, Georg Knopp, zu sehen.

nicht öffentlich protestiert werden. Die Stadtverwaltung hatte das Anwesen unter dem Wert abgegeben und hatte den nicht unbedeutenden Verlust zu tragen.«

Als Vorkämpferin der »Eigenheimbewegung« war sie nun auch für sich selbst nicht abgeneigt, ein eigenes Haus zu bauen: »Ich hatte bei meinem Ausscheiden aus dem württembergischen Landtag ein ansehnliches Geldgeschenk von den demokratischen Frauen bekommen, das ich für diesen Zweck bestimmt hatte und das durch die jährlichen Zinsen auf mehr als das doppelte angewachsen war.« Fünfundsiebzigjährig baute sie nun dieses eigene Haus auf der Gerlinger Höhe bei Stuttgart und widmete sich dort ganz der Herausgabe des philosophischen Werkes ihres Vaters. Mit dem gewalttätigen NS-Zeitgeist wollte sie nichts zu tun haben.

»Und doch blieben Lebenswille und Mut ungebrochen und noch einmal fing sie an zu bauen. Bald sahen wir sie im neuen Heim abseits der Großstadt, in dem hoch gelegenen Ger-

lingen, ganz naturverbunden mit dem Wald vor der Türe.
Große Freude bereiteten ihr wieder der Garten mit Beeren,
Obst, Gemüse und den vielen, schönen Blumen, die sie
zum Teil von Ludwigsburg herüber gerettet hatte und von
denen sie fleißig Samen zog.«

Clara Mayer-Bruckmann, 1961

»Lebenswille und Mut ungebrochen« – es sieht so aus. Aber
es kann nur so aussehen, denn all das, was Mathilde Planck politisch in ihrer Vereinsarbeit und im Landtag vertreten hatte, existierte nicht mehr. »Ihre Frauenvereine« hatten sich der Gleichschaltung widersetzt und sich aufgelöst. In der »Württembergischen Lehrerinnenzeitung«, – so hieß seit 1921 das Organ des
»Allgemeinen Württembergischen Lehrerinnenvereins« – pu-
blizierte die Schriftleiterin Dr. Hedwig Rau in der letzten Aus-
gabe vom 25. September 1933 ein vorsichtig formuliertes »Wort
des Abschieds« und teilte mit, dass die »sozialen Einrichtun-
gen des aufgelösten ›Allgemeinen Württembergischen Lehrerinnenvereins‹ als ›Württembergische Lehrerinnenhilfe‹ weiter
bestehen« werden. Und auch der Landtag hatte seine demokratische Funktion verloren und war von den neuen Machthabern
»annektiert« worden.

Das Fazit Mathilde Plancks: »Als Hitler zur Macht gekommen war, da brach für Leute, die es mit der Wahrheit nicht genau nahmen und gern andere verdächtigten, eine gute Zeit an.
Denn nun gab es eine Stelle, wo man, ohne sich selbst bloßzu-
stellen und ohne Beweise mitbringen zu müssen, andere ver-
leumden konnte.«

Die Lebensphilosophin

»Sie sprach in jedem Menschen, in jedem Kind [...] das Beste an und traute ihm immer das Beste zu. Wir hätten sie nicht enttäuschen wollen.«

Angelika Wetzel-Planck, 2005

Das Gerlinger Haus hatte Mathilde Planck mit der Absicht geplant, dort ein Karl-Christian-Planck-Archiv einzurichten, wo »das Erbe an sichtbaren Dingen, an ungedruckten Werken, an Briefen u. a.« geordnet und verwaltet werden konnte. Diese an sich selbst gestellte Aufgabe setzte sie in die Tat um, obwohl sie dieses Projekt eigentlich überforderte: »Ist es nicht höchst seltsam, daß einem Menschen im Alter von 75 Jahren die schwerste Aufgabe seines Lebens auferlegt wird? In einer so unmittelbaren und zwingenden Weise, daß er sich nicht weigern kann, obgleich wissend, daß er ihr nicht gewachsen ist?«

Neben der Herausgabe des philosophischen Werkes des Vaters und dem Schreiben seiner Biographie kann ihr Tun aber auch erneut als ein Rückzug mit seiner Hilfe bewertet werden, wie schon einmal während des Ersten Weltkrieges. Damals hatte sie sich aber aufgrund der Zweifel an ihren »nationalen Aufgaben« selbstbestimmt aus Zusammenhängen herausbegeben, die sie nicht mehr unterstützen konnte. Nun aber war sie von der ›neuen‹ Zeit ins Aus befördert worden: »Ich habe Hitler immer abgelehnt, war aber nicht in der Lage, irgend etwas gegen ihn zu tun. Ich war so gründlich in die Stummheit gestoßen, dass die Stuttgarter Tageszeitungen keine Silbe von mir mehr zum Druck

brachten.« Der »Triumph des Niedrigen, Hässlichen, Gemeinen«
brachte sie immer wieder an den Rand der Schwermut, auch weil
sie erleben musste, wie die »eigene Kraft, die für das Schöne und
Gute gestritten hatte«, mit dem Altern immer weniger wurde.

Bevor sie 1935 zur Betreuung einer befreundeten Ärztin im
Winterhalbjahr nach Teneriffa fuhr, gründete sie zusammen
mit ihrem Bruder Reinhold die Karl-Christian-Planck-Gesellschaft, die besonders in Ludwigsburg und Stuttgart Mitglieder
fand: »Es ließ sich damals nur eine völlig freie Vereinigung,
ohne Mitgliederliste und ohne Beitragszwang bilden. Auch war
es nur ein kleiner Kreis, der ab und zu in Ludwigsburg oder
Stuttgart sich versammelte. Als ich auf den Gerlinger Bopser
gezogen war, trafen wir uns dann in Gerlingen auf der Schiller-
höhe, auch in meinem Haus. Später durften wir uns in einem
befreundeten Stuttgarter Haus versammeln.«

»Von den wenigen Mitgliedern sind nur wenige mehr da. Die
Vereinigung ist immer noch lose wie im Anfang, obgleich wir
uns auf Anregung der Besatzungsmacht eine Satzung gegeben
haben. Was aus der Gesellschaft werden wird, wenn ich nicht
mehr da bin, das weiß ich nicht. Ich habe gelernt, Institutionen
und Vereine für vergängliche Hilfsmittel zu halten. Worauf es
ankommt, ist immer nur dies, daß einzelne Menschen für die
Heilswahrheit gewonnen werden und sie weitergeben, bis ihre
Zeit gekommen ist und ihr Wert anerkannt wird.«

Mathilde Planck, Lebensgang mit Umwegen, 1955

Doch dann starb ein Jahr darauf ihr Bruder Reinhold, der
letzte noch Lebende der Geschwisterschar. In ihren Erinnerun-

Mathilde Planck in den 1930er Jahren

gen vermerkt die trauernde Schwester im Kapitel »Abendschatten und Abendlicht« ihrer Lebenserinnerungen: »Dieser Tod hat mich ganz unerwartet getroffen; denn Reinhold war immer gesund gewesen.« Und weiter: »So war das Jahr 1936 nach dem schönen Anfang auf Tenerife eines der schwersten Jahre meines Lebens. Ich weiß nicht, wie ich es hätte überstehen können, hätte ich nicht auf dieser herrlichen Insel, wo den ganzen Winter über der Frühling herrscht, auch mich selbst kräftigen und erholen dürfen.« Immer mehr wird sie mit dem Alter und der Ermattung ihrer Kräfte konfrontiert: »Wie schwer das Altwerden ist, dieses Übrigbleiben und Einsamwerden. Denn die mit uns die Kinderheimat geteilt haben, leben allein auch in denselben Erinnerungen. Und bei aller Liebe zur nächsten Generation ist doch diese enge Verbundenheit nicht möglich.«

In dieser Situation gab ihr einmal mehr die Lebensphilosophie eines Klassikers Hilfe und Orientierung: »Goethe sagt uns: Du entwickelst dich nach dem Gesetze, nach dem du angetreten. Andere sprechen von Führung, indem sie dasselbe meinen. Ich war längst von den landläufigen Gottesvorstellungen abgekommen. Gott ist etwas für uns völlig Unfassbares, die gewaltige unbegreifliche Macht, die über uns waltet. Aber ich habe mehrmals in meinem Leben das Gefühl einer machtvollen und zugleich liebenden Führung gehabt, das Bewusstsein, das der sonst Unsicheren und Zaghaften doch eine Sicherheit und Festigkeit gab. Ich fühlte mich gerufen und musste folgen, damals als ich mich der Frauenbewegung widmete und später wieder, als es sich um noch größere Verantwortung handelte und um einen steileren und steinigeren Weg als zuvor. Führungen hängen sicherlich mit unserem innersten Wesen zusammen, und doch können sie uns überraschen.«

Mathilde Planck
aufgenommen um 1940

Im Gerlinger Haus, ihrem letzten großen Unternehmen, empfand sie trotz aller Notzeiten und der von Stuttgart herüberdrohenden Bombennächte jedoch auch Glück und konnte außerdem aufgrund dieses Besitzes auch ihr Lebensende absichern. In der für sie typischen Mischung einer im Ideellen angesiedelten Innerlichkeit und einem bodenständigen gesunden Pragmatismus reflektiert sie die Gerlinger Zeit: »Ich habe dort etwas gehabt, was mir von jeher lieb war, einen Garten, worin ich alles Werden und Vergehen beobachten, die geliebten Rosen und manches andere pflegen konnte. Und als die Geldentwertung kam und ich sehen musste, daß mein Kapitalvermögen, auch das Stiftungsgeld zu nichts zerschmolz, da konnte ich durch den Verkauf des Hauses doch meine letzten Lebensjahre (nach menschlichem Ermessen) sichern, und für Veröffentlichungen aus Vaters Werk ist auch noch etwas da. Viele, die so wie ich zweimal den Verlust ihrer Ersparnisse erleben mussten, sind ganz verarmt und leiden Not.«

Der Verkauf des Hauses nach dem Kriegsende hatte aber noch andere Gründe: »Das für mich allein etwas zu große Haus erwies sich in den Kriegsjahren und nachher als unzweckmäßig. Ich musste Mieter hereinnehmen und habe damit kein Glück gehabt. Die Raumnot, diese unheilvolle Folge des unheilvollsten aller Kriege haben ja viele Hausbesitzer zu spüren.« Um dieser schwierigen Nachbarschaft und einer befürchteten Vereinsamung zu entgehen, ist sie 1950 noch einmal umgezogen, in das Geroksheim in Ludwigsburg. Einen großen Bestand ihrer Bücher hatte »Fräulein Mathilde Planck, Gerlingen« schon 1945 an die Württembergische Landesbibliothek in Stuttgart gegeben: »Zum Wiederaufbau ihrer durch den Bombenangriff am 11. September 1944 zerstörten Bestände.«

»Von dem Erlös und von ihren schriftstellerischen Arbeiten konnte sie dann im »Geroksheim« in Ludwigsburg ordentlich leben. Als ich sie dort besuchte, war ich gerührt über diese letzte Unterkunft, denn das Zimmerchen war sehr klein, geteilt noch dazu in Schlafraum und Wohnecke, aber wundervoll war der Blick auf die alten Bäume des schönen Gartens und auf den Himmel.«

Clara Mayer-Bruckmann, 1961

Mathilde Planck war also mit achtzig Jahren noch einmal umgezogen. Und noch immer nahm sie Anteil am politischen Geschehen und versuchte, sich verbal einzumischen. Die Nachkriegszeit und die politische Lage Deutschlands ließen ihr keine Ruhe. In ihren handschriftlich erhaltenen Aufsätzen »Die Ursache der allgemeinen Angst« und »Das alte und das neue Russland« (1943) sah sie Deutschland in der denkbar gefährlichsten Lage in Europa, wehrlos zwischen zwei gewaltigen Mächten, in zwei Teile zerrissen, in Ost und West, und sie glaubte hier die Ursache für »eine innere, geistige Entfremdung« zu finden. Sie hoffte – ganz in der gedanklichen Nachfolge ihres Vaters – auf eine innere Erneuerung in einer allgemeinen sittlichen oder religiösen Wahrheit. Sie vertrat die Meinung, dass es die Deutschen seien, die das Abendland vor dem Bolschewismus, vor einem großen gefährlichen Umbruch und der kulturellen Entwertung retten müssten. Um kriegerische Auseinandersetzungen ging es ihr allerdings nicht, sondern um eine Versöhnung des »tiefen Gegensatzes der Geister«, die auch von Deutschland eine »innere Erneuerung« verlangte: »Um Europa zu retten, muss nicht nur der mit Scheuklappen einhergehende Nationalismus, es müssen auch die verschiedenen Formen des Kapitalismus, der westliche wie der östliche, überwunden werden.« Und dies in einem Geiste der Gerechtigkeit: »Die Fortdauer der nationalen Überheblichkeit und des rücksichtslosen wirtschaftlichen Wettbewerbs muss zu den furchtbarsten Katastrophen führen.«

Mathilde Planck sah in ihrem Aufsatz »Die Ursache der allgemeinen Angst« zwei mögliche Wege: »Den einen ist das Abendland seither gegangen. Er hat in unbeschreibliches Grauen und Elend hineingeführt. Und wenn wir darauf weitergehen, so droht gerade uns Deutschen die völlige Vernichtung. Viel-

leicht ist der andere Weg, der des Friedens und des rechtlich-
sozialen Neubaus nicht weniger gefährlich; denn unsere Feinde
sind viele. Aber er hat den großen Vorzug vor dem anderen,
dass er uns vor neuer Schuld bewahrt, dass er nicht gegen die
ewige Wahrheit der christlichen Sittenlehre und des morali-
schen Gestaltens in uns verstößt, dass wir die bösen Geister,
von denen die Menschen besessen sind, zwar nicht ganz besiegen, aber doch ihre Übermacht brechen können, ja dass wir
die Hauptfeinde: den Kommunismus und den schrankenlosen
Liberalismus durch eine wirkliche Rechtsordnung überwinden.

Zu diesem zweiten Weg gehört freilich mehr Mut als zum ersten, der Mut, das als recht, gut und wahr Erkannte zu tun und
für seinen Sieg zu kämpfen, auch der unerschütterliche Glaube,
daß der Geist immer wieder die rohe Gewalt besiegen werde.
Das deutsche Volk in seiner Mehrheit lehnt es ab, wieder auf die
alte verhängnisvolle Suche geführt zu werden. Und doch sind
die ersten bedeutsamen Schritte nach dieser Richtung schon getan. Wird Gott noch einmal Geduld mit uns haben? Wir wissen
es nicht. Nur das Eine ist wohl klar, daß er nur denen helfen
kann u. helfen wird, die seine Hilfe suchen und sich wehrhaft
mühen, seinen Willen zu tun.«

Dies ist in beschwörender Geste ihr Glaubensbekenntnis:
Ein Aufruf zur Innerlichkeit und sittlichen Verantwortung. Die
hier formulierten Kausalitäten einer politischen Entwicklung
haben sich allerdings so nicht ergeben. Heute scheint jedoch
ein europäischer Friede auf ›Umwegen‹ und nach kriegerisch
gewalttätigen Turbulenzen im Osten Wirklichkeit werden zu
können. Mathilde Plancks Schrift auf den hinterlassenen Pa-
pierbündeln mit ihren Aufsätzen in DIN A 5 Format ist energisch, kraftvoll und flüssig.

Nicht nur der »metaphysische Überbau« politischer Entwicklungen beschäftigte sie also, nein, auch das politische Tagesgeschäft ließ sie nicht los. Noch einmal wollte sie sich auch in deren Praxis begeben. Dies vor allem auch deswegen, weil sie sich von der Politik des »Kalten Krieges« des Nachkriegskanzlers Konrad Adenauer in Sachen Völkerverständigung nichts versprach. Vehement argumentierte sie gegen sein politisches Credo. 1953 war sie mit einundneunzig Jahren die älteste Bundestagskandidatin für die Gesamtdeutsche Volkspartei in Ludwigsburg – sie wurde aber nicht gewählt.

»Unser heutiges Leben wäre um einige Grade leichter zu ertragen, wenn es uns nicht immer wieder zwänge, uns auch mit der Vergangenheit auseinanderzusetzen. Gewaltig, immer größer werdend, steigt das seltsame Rätsel der deutschen Geschichte vor uns auf. Das Schicksal geht gnadenlos mit uns ins Gericht und legt uns für neues und altes Unrecht die schwerste Buße auf. Wir müssen zur Wahrheit und Klarheit durchzudringen suchen und strengen, sittlichen Maßstab auch an Geschehnisse anlegen, die unsere Geschichtsbücher als groß und gut verzeichnet haben.«

Mathilde Planck, Das unsichtbare Reich, Stuttgart 1947

Aber auch über ihr eigenes Leben denkt sie immer wieder nach: »Die Ideale, denen ich mich gewidmet habe, sind nicht erfüllt. Unsereiner kann zum Bau der Ewigkeiten höchstens einen kleinen Stein, ach vielleicht nur Sandkörner beitragen. Er hat das Bewusstsein, sich an Aufgaben gewagt zu haben, die über seine Kraft gingen. Und doch liegt eben in dieser Beteiligung an den großen noch unbewältigten Aufgaben der Menschheit auch etwas Erhebendes, so gering der eigene Anteil auch einzuschätzen ist. Wir unscheinbaren Arbeiter haben doch Teil an der großen Gemeinschaft derer, die im geistigen Bezirk leben und für die geistigen Güter ihre Kraft und Liebe hingeben.« Unter diesen Vorzeichen sah sie auch – wie sie im Vorwort ihres 1950 erschienenen Buches »Karl Christian Planck, Leben und Werk« auseinandersetzt – »die Verantwortung für das Erbe, das mir anvertraut ist und weil ich weiß, daß ich die Letzte und vielleicht Einzige bin, die aus eigenen Eindrücken und lebhaften persönlichen Erinnerungen von dem Manne berichten kann, dessen Gedankenarbeit in der heillosen Not und Verwirrung dieser Zeit uns helfen kann, sowohl in äußerer Hinsicht als in seelischer Beziehung wieder festen Boden unter den Füßen zu gewinnen.«

Diese Aufgabe war es also, die sie hartnäckig am Leben hielt. Sie war gewillt, mit allen ihren »ungenügenden Kräften und Fähigkeiten« das Werk des Vaters weiterzugeben, als ›Arznei‹ für sich und für die Welt. So tief steckte sie in diesem Unterfangen, dass sie übersah, dass die »Schwerverständlichkeit« seines Werkes, dessen Verbreitung und Aufnahme in der sich drastisch verändernden Nachkriegszeit noch unmöglicher machte als bereits zu seiner Zeit. Sie meinte jedoch, dass das Urteil der Schwerverständlichkeit nicht richtig war und nur deutlich machte, dass schon »seine Zeitgenossen auch nicht gewillt waren, ihn zu verstehen«.

Die Nachlassverwalterin des Vaters

»Goethe hat einmal gesagt, daß die kleineren Begabungen doch et-
was Treffliches leisten können, wenn sie sich in den Dienst einer gu-
ten Sache stellen. In diesem Sinne habe ich mich bemüht.«
                  Mathilde Planck, *Lebensgang mit Umwegen,* 1955

Karl Christian Planck hatte einen doppelten Beruf: Er war im
Brotberuf Lehrer mit einer ihn nicht zufriedenstellenden Karriere – das Ephorusamt in Blaubeuren und eine Professur in
Tübingen blieben ihm versagt. Im geistigen Zentrum seines
Daseins verstand er sich als Prophet und Philosoph. Mathilde
Planck bemühte sich analysierend und editorisch um die Philosophie des zu Lebzeiten wenig anerkannten Vaters. In ihrem
lebenslangen Kampf gegen Gewalt und Krieg, für Frieden und
Völkerverständigung hatte sie sich sein mutiges, von materiellen Ansprüchen losgelöstes Ethos, seine Güte und seine für
sie vorbildhafte Hilfsbereitschaft zu eigen gemacht und ihn sicher auch verklärt betrachtet. In der 1950 von ihr erschienenen
Biographie des Vaters dachte sie auch darüber nach, ob sie, die
Tochter, auch die von ihm gewünschte Nachlassverwalterin gewesen wäre.

Sie war sich dessen eigentlich sicher, aber diese Sicherheit
bedurfte doch einer gewissen arglosen Interpretation. Sie be-
richtete, dass der Vater in seinen letzten Maulbronner Lebens-
tagen in eine »Schwermut hineingeraten« war, die sie mit dem
Zustand der »Weltentrücktheit« Friedrich Hölderlins verglich.
Sie begleitete ihn auf seinen Spaziergängen in die Natur, die
ihm Linderung verschafften: »Auf einem dieser Gänge hat Vater
mir gegenüber einen tief schmerzlichen Ausspruch getan, der

sich mir unverbrüchlich eingeprägt hat, den ich aber damals nur halb verstanden habe. Er sagte: ›O, wenn ihr Söhne wäret, die ich um mich hätte, daß ich euch meine ganze Weltanschauung darlegen könnte!‹ Gemeint waren meine Schwester Adelheid, damals 19-jährig, und ich, die ich eineinhalb Jahre jünger war. Erst viel später ist mir klar geworden, warum Vater sich diese Mitteilung versagt hat. Es war nicht die Annahme, wir würden ihn nicht verstehen, da ja auch ein nur teilweises Verständnis ihm die ersehnte Mühewaltung gelohnt hätte, und er zudem durchaus nicht gering von der weiblichen Fassungskraft dachte. Nein, er wollte seinen Töchtern die geistige Einsamkeit ersparen, in die sie unvermeidlich hineingeraten mußten, wenn sie Schülerinnen seines Geistes wurden. Er ahnte nicht, daß in demselben Jahre eben diese beiden Töchter sich mit seiner Philosophie bekannt machen würden. Es geschah dadurch, daß Adelheid und ich das Manuskript des nachgelassenen großen Werks: ›Testament eines Deutschen‹ abschrieben, da Mutter die Handschrift nicht in die Druckerei geben wollte.«

Nach der Abschrift des unvollendeten Werks fanden die beiden Töchter im Freund des Vaters, im Tübinger Professor Karl Köstlin, den Herausgeber. Diese Initiierung war es wohl, die besonders die Tochter Mathilde ihr ganzes Leben prägen sollte: »Unsere jugendlichen Gemüter waren allerdings aufs tiefste ergriffen, ja erschüttert von der Wahrheit, die unsere noch kindlichen Illusionen zerstörte; auch das Gefühl der Fremdheit in der Welt, in der wir lebten, hat uns erstmals und später noch oft genug schmerzlich berührt. Aber wir wußten auch, daß das Empfangene eines solchen Preises wert, daß es etwas wunderbar Großes und Schönes um diese Weltanschauung war, deren Reichtum sich damals vor uns ausgebreitet hatte.«

In diesem »Testament«, in dem es den Vater laut Mathilde »verlangte, noch einmal eine Gesamtdarstellung seines Systems zu geben, da er die in den Weltaltern niedergelegte nur für vorläufig hielt und da er zugleich nicht wie damals nur von einem kleinen Kreis verstanden sein, sondern zur gesamten gebildeten Welt sprechen wollte«, sah sie sein philosophisches Vermächtnis. In diesem großen Hauptwerk, »in welchem Religion, Natur, Rechtlich-Soziales und Kunst ihren vereinigten Ausdruck finden müssen«, sollten laut seiner eigenen Aussage »deren Zusammenhänge zur Ausarbeitung kommen. Damit wird der Übergang gemacht sein von der *Wissenschaft zum Leben.* Denn immer weniger tut mir die Wissenschaft ein Genüge, und immer unerträglicher wird mir diese Öde und Äußerlichkeit um mich her und dies stumpf konventionelle und ertötende Fortschleppen religiöser Formen, die sich innerlich ausgelebt haben.«

Diese hier dargelegten Gedankengänge Mathilde Plancks waren seiner gewünschten wissenschaftlichen Karriere sicher nicht zuträglich. Die pietistisch religiösen Kreise Württembergs, die über Anstellungen zu verfügen hatten, waren ihm nicht wohlgesonnen und verhinderten eine volle berufliche Bestätigung. Seine Verdienste allerdings konnten sie nicht schmälern: Er war nicht nur der warmherzige Lehrer einer Generation von späteren Stiftsstudenten, von denen einige auch in aufmüpfiger Kritik das intellektuelle Klima Württembergs bestimmten. Er war auch mit vielen philosophisch-theologisch orientierten Männern seiner Zeit befreundet gewesen und zählte über seinen Austausch mit ihnen zum geistigen Fundus seines Landes: Mit Friedrich Theodor Vischer und Karl Köstlin, den Stuttgarter und Tübinger Ästhetikern, und der großen Zahl von hoch

gebildeten Vettern aus der weitläufigen Sippe der Plancks, die
in vier unterschiedlichen Stämmen vom gemeinsamen Ur-Urgroßvater Georg Jakob Planck (1726–1791), dem Nürtinger Stadtschreiber und dessen vier Söhnen abstammten. Der oben schon
genannte Vetter Max Planck, Rektor am Karlsgymnasium aus
der Linie der »roten« (rothaarigen) Plancks, gehörte zur liberal
fortschrittlichen Linie. Karl Christian Planck und seine Nach-
kommen gehören zu den »schwarzen« (schwarzhaarigen), eher
wertkonservativen Plancks. Und Mathildes direkter Vetter, der
Nobelpreisträger Max Planck, hatte noch ganz andere Kapazi-
täten.

Karl Christian Planck hatte sich durch Abhandlungen über
Rechtsphilosophie, Literatur und Kunst einen Namen gemacht,
auch wenn er nie eine breitere Rezeption erfahren hat. Im voll-
endeten Hauptwerk seiner philosophischen Arbeiten »Seele und
Geist oder Ursprung, Wesen und Tätigkeitsformen der psychi-
schen und geistigen Organisation« (1871) hat er die ideellen und
ethischen Grundzüge des deutschen Staats- und Volkswesens
in einer Analyse des von ihm sogenannten »reinen Realismus«
behandelt: »Deutschland ist das einigende und beseelende Cen-
trum, von welchem die geistige und bürgerliche Wiedergeburt
des gesunden und veräußerlichten Völkerlebens der Neuzeit
ausgehen wird.« Es war für ihn »die kernhaft innerliche Arbeit
des schwäbischen Geistes, die [...] zum menschlich deutschen
und universellen Ziel führen wird«.

In seiner Rechtslehre wandte er sich gegen eine »mecha-
nistisch-materialistische Weltanschauung und sah – wie seine
sich auf ihn berufende Tochter – im Zusammenwirken einer
parteilich bestimmten und berufsständischen Volksvertretung
und Regierung in einem »Berufsstaat« die Möglichkeit, »daß

jeder Einzelne und jeder Wirtschaftszweig in seiner Gesamtheit
sich für das Gemeinwohl verantwortlich fühlt. Dadurch ist eine
fruchtbare Zusammenarbeit möglich, und die von den Partei-
en unabhängige Regierung würde nur in Ausnahmefällen ihr
Amt als Schiedsrichter auszuüben haben«. Außerdem wären
die Berufstände der Regierung verantwortlich und der Garant
für »staatliche Grundgesetze«. So einfach schien das Vater und
Tochter. Mathilde Planck, die in ihrer Landtagsabgeordnetenzeit
diese anachronistischen und auch patriarchalischen Ideen einer
»Berufsständischen Volksvertretung« immer wieder vertrat,
konnte damit aber keine Unterstützung gewinnen.

> »Karl Christian Planck ist ja nicht nur Philosoph, sondern
> hat die Merkmale eines Propheten. Er hat den dichterischen
> Schwung, die felsenfeste Überzeugung, das Glück der Offen-
> barung wie das Leid der Einsamkeit und des Nichtverstanden-
> werdens und er hat – das können wir heute sagen – weithin
> die Bestätigung seiner Schau. Er ist 1819 geboren, veröffent-
> lichte das erste größere Werk 1850, ist gedanklich am ehesten
> zwischen Schelling und Rudolf Steiner einzureihen, mit de-
> nen er die Universalität gemeinsam hat.«
>
> Klara Nestle, 1961

Dass Karl Christian Planck, der vor allem von den Mitgliedern der Karl-Christian-Planck-Gesellschaft und der Großfamilie
verehrt und »weitergedacht« wurde, auch verkannt und belächelt
wurde, ist sicherlich auch seinem allumspannenden Pathos zu-
zuschreiben. Dass er von den Nazis nicht für deren Ideologie
missbraucht wurde, kann nur dem Hegel'schen Satz der »List

der Vernunft« zuzuordnen sein: Reinhold Planck hatte 1936,
noch kurz vor seinem Tod, brieflich versucht, einen Teil der Philosophie des Vaters den neuen Machthabern anzudienen. Planck
könne seiner Meinung nach als der erste und älteste National-
sozialist bezeichnet werden, vor allem auch deshalb, weil er die
»spartanisch kriegerische Lebensformen, wie sie der Nationalso-
zialismus jetzt entwickelt, als Grundlage für seinen Berufstaat
ohne weiteres angenommen hätte«. Die Sache verlief im Sande.

Ob die Schwester von diesem Anschlag auf die Integrität des
Vaters gewusst hat, ist nicht zu erfahren. Allerdings hatte Mat-
hilde Planck in ihrem Vorwort zu der von ihr herausgegebenen
Schriftensammlung »Karl Christian Planck, Deutsche Zukunft«
schon 1922 Deutschland beschworen, von einer Machtanbetung
Abstand zu nehmen. Der Reichsleiter der NSDAP, Alfred Ro-
senberg, kommentierte dies entsprechend: »Sie habe in einem
Augenblick die Selbstentwaffnung gepredigt, wo die feindlichen
Militärmächte Deutschland zu Boden gedrückt haben.« Sie war
so dem Vater und sich selbst moralisch treu geblieben.

Märchen und Rätsel

Mathilde Planck hatte neben ihrem theoretisch-philosophi-
schen und politischen Arbeiten auch die ganz besondere Gabe,
sich künstlerisch auszudrücken. Sie zeichnete und aquarellier-
te, schrieb Märchen und erfand Rätsel. Sie hat damit besonders
auch ihre Nichten und Neffen aus dem großen Planck'schen
Familienkreis erfreut und angespornt. In diesen gleichnishaf-
ten, handschriftlich überlieferten Werkchen findet sie ihren eigentlichen bildhaften Ausdruck:

Legende

Die Freiheit saß am Wegrand mit verhülltem Angesicht.
Ihre Kleider waren beschmutzt und zerrissen. Plötzlich
fühlte sie sich von sanfter Hand berührt, und als sie das
tränenvolle Antlitz erhob, schaute sie in die Augen der
Wahrheit. »Ich weiß, was dir begegnet ist, liebe Schwes-
ter«, sagte diese, »aber gerne möchte ich es aus deinem
eigenen Munde vernehmen.« »Wieder und wieder habe
ich es erlebt«, so erzählte die Freiheit, »daß die Menschen
sich meiner Person bemächtigten. Immer waren es sol-
che, die mir nicht von Herzen ergeben waren, sondern die
mich mißbrauchten, um Macht und Geld zu gewinnen.
Wer mich wahrhaft liebt, der ehrt auch meinen Willen,
folgt meinem Wort und wandelt in dem reinen Lichte,
womit ich seinen Weg erhelle. Nur bin ich von denen, die
mich für ihre Gewaltpläne als Aushängeschild gebrau-
chen wollten, mit frevler Hand gepackt und auf ihrem
Triumphwagen gesetzt worden. Das betörte Volk jubelte.
Die Armen sahen nicht die Fesseln an meinen Händen;
die Gewalttäter hatten sie mit Blumen und Fahnen zuge-
deckt. Sie sahen auch nicht die Tränen in meinen Augen.
Als dieses erbärmliche Schauspiel vorüber und ich der
Ketten entledigt war, da begann das Licht, das ich über-
all, wo ich auch sei, verbreiten muß, ihr Tun zu beleuch-
ten. Von Schrecken gepackt, ergriffen sie mich wieder und
schleppten mich schleunigst aus der Stadt. In ihrer Wut
traten sie mich mit Füßen und zerrissen mir das Kleid.
Aber du weißt, daß ich nicht darüber Tränen vergieße.
Ich weine um die verblendeten Menschen.«

»Ich verstehe deinen Kummer und ich teile ihn«, entgeg-
nete die Wahrheit, »auch ich bin tausendfältig gepriesen
und hernach verraten und verachtet. Wenn die Menschen
sich nicht an meiner Person vergreifen, wie es dir geschieht, du Liebliche, so rührt dies daher, daß mein Antlitz nur dem hold erscheint, der reinen Herzens ist. Allen
andern sind meine Augen furchtbar. Denn sie sehen die
verborgensten Gedanken. Darum tun die Menschen so,
als seien sie meine Freunde. Sie führen mich unaufhörlich
im Munde, und die schlimmsten Betrüger lassen es sich
etwas kosten, ihre Taten mit einem Schein meines Lichtes
zu umkleiden. Diese Täuschungen schmücken sich mit
meinem Namen, während ich selbst eine Ausgestoßene
bin, ebenso mißbraucht und mißhandelt wie du!«
Die Freiheit hatte sich erhoben. Ihr Antlitz war wieder
klar und ihr Auge leuchtend. Mit einem leisen Lächeln
sagte sie: «Wir Himmelstöchter dürfen ja nur den Menschen helfen, die uns in ihrem Herzen Wohnung geben.
Machtlos sind wir bei den andern, die sich nicht helfen
lassen wollen. Die lauten Märkte und Gassen müssen
jetzt sehen, wie sie ohne uns zurecht kommen. Es kommt
aber ein Tag, da sie uns mit Schmerzen suchen werden.
Doch wir haben Wanderschuhe an den Füßen. Die Armen und Vertriebenen, die Elenden und Verlassenen
warten auf uns. Die Landstraße, wo die heimatlosen
Wanderer einherziehen, ist der Ort, da wir willkommen
sind. In die Gefängnisse werden wir das sanfte Licht der
Hoffnung tragen. Immer wieder verstoßen uns die Menschen und doch können sie nicht leben ohne uns.« Und
Hand in Hand gingen die Schwester dahin. (1933)

Zwei Silben

Die erste ist ein kleines Wort,
Hat keinen Sinn für sich allein;
Doch wenn sie steht am rechten Ort,
So kann sie auch sehr wichtig sein,
Die zweite droht dir stets Gefahr.
Ein böses Ding in schlimmer Hand
Und oft im Dunkeln angewandt.
Sie wird verwandelt ganz und gar,
Wenn man ihr setzt die erste vor
dann wird sie gut,
Macht den Empfänger wohlgemut.

(Lösung: Mitgift)

Zuhause in der Großfamilie

Immer weniger wurden mit dem Älterwerden die Freunde und
Freundinnen, mit denen sie sich austauschen konnte. Dafür
stärkten und trösteten sie die Reisen zu den Verwandten: »Tante Mathildes Besuch galt jedem der Familie und die Tage mit
ihr waren kostbar. Sie selbst – alleinstehend und alleinlebend
nach dem Tode ihrer ledigen Geschwister – fühlte sich wohl in
harmonischer, geordneter Häuslichkeit, in den Familien ihrer
Neffen und Nichten, so wie bei uns im Pfarrhaus in Gochsen.

Sie kam mit dem Zug angereist. Ich seh sie aussteigen in
ihrem langen Sommerkleid; wir Kinder rissen uns um ihr Ge-

Abschied von Tante Mathilde am 26. Juli 1949 am Bahnhof in Gochsen; hintere
Reihe von links: Lisbeth und Walter Planck mit Tochter Angelika, vorne mit Ma-
thilde Plancks legendärem Köfferchen: Tochter Adelheid Planck und Angelikas
Freundin Rose Bäuerle.

päck, eine kleine geflochtene japanische Tasche und ein Sitzkis-
sele mit Griff daran – Tante war damals ja schon über achtzig
Jahre alt und die Bänke des außerdem ständig rangierenden
›Entenmörders‹ (Bummelzuges) reichlich hart. Einmal kam sie
direkt aus Holland angereist, wo sie anläßlich eines Kongresses

des Bundes vom Blauen Kreuz (Christlicher Bund der Alkohol-
gegner) einen Vortrag gehalten hatte.

Aber jetzt war sie da. Mit den Eltern hörte ich sie sprechen
über die Zeitenläufte – es war in den ersten Kriegsjahren –, über
den Geist und Ungeist, der hinter der Alltagspolitik am Werk
war, über Möglichkeiten des gewaltlosen Widerstandes; außer
Jesus war ihr leuchtendes Beispiel Mahatma Gandhi – ich glaube, das sagen zu dürfen.

Im Haus und Garten gab es bei uns und besonders in diesen
Notzeiten immer viel zu tun. Was ich sie tun sah – sie war immer
geschickt und hatte schöne Hände – entbehrte nicht der Würde
des Alters. Wenn sie so flickend und nähend oder Obst schälend
am Tisch saß, hatte sie immer ein Buch daneben – vornehmlich
Goethe oder Rilke; sie liebte die Dichtung. Oft hat sie Geschich-
ten erzählt; es waren immer selbst erdachte. Beim Erzählen hatte sie ein besonders lebendiges Mienenspiel, manchmal konnte
man den Fortgang oder den Ausgang der Geschichte ihr in die
Stirn geschrieben sehen. Sie brachte es fertig, mit ihrem Erzählen gleichzeitig Vater, Mutter, mich und die kleineren Geschwister zu fesseln.« (Angelika Wetzel-Planck, 2005)

Bei ihrem neunzigsten Geburtstag, den sie nur im engsten
Kreise der Familie begehen wollte, hat sie selbst an der Festtafel
das Wort ergriffen, um Rückschau zu halten und der Familie
zu danken. Die Geburtstagsartikel in den Ludwigsburger und
Stuttgarter Zeitungen und die Verleihung des Verdienstkreu-
zes der Bundesrepublik Deutschland haben sie eher herzlich
erstaunt. Übergeben wurde ihr der Orden vom SPD-Landtagsabgeordneten Wilhelm Keil, der in dieser Zeit den Wahlkreis
Ludwigsburg vertrat und Vorsitzender des Aufsichtsrates der
Bausparkasse GdF Wüstenrot war – wie sie selbst war er ein de-

Zu ihrem 90. Geburtstag am 29. November 1951 bekommt Mathilde Planck vom
SPD-Landtagsabgeordneten Wilhelm Keil das Bundesverdienstkreuz überreicht

mokratisches Urgestein aus dem Kaiserreich und der Weimarer
Republik. Eine Grußadresse kam auch vom Bundespräsidenten
Theodor Heuss, dem früheren DDP-Mitstreiter, der ihr Dank
aussprach für die »treue vaterländische und menschliche Ar-

beit, der Sie sich als Tochter und geistige Erbin eines großen Vaters ein Leben in Hingabe gewidmet haben«. Die familiäre, menschliche und politische Gewichtung ihrer Verdienste muss heute eine andere sein: Der Vater wäre zu beglückwünschen zu dieser Tochter, dieser uneigennützig kämpfenden Frauen- und Friedenspolitikerin. Theodor Heuss hatte sie nicht wahrgenommen. Als er 1961 von Gertrud Barz, der Vorsitzenden der Karl-Christian-Planck-Gesellschaft in Stuttgart aufgefordert wurde, sich zum hundertsten Geburtstag von Mathilde Planck zu äußern, teilte er von seinem Alterssitz im Feuerbacher Weg in Stuttgart mit, dass er das nicht könne, weil er die zu Ehrende kaum gekannt habe und ihr nie nahe gestanden sei. Er sei ja schon ab 1918 wieder von Heilbronn nach Berlin gezogen.

Und so bleibt zu guter Letzt die Familie in der Wertschätzung für diese in ihrer Zeit berühmte, ungewöhnliche Tante und Großtante ein nicht versiegender Quell der Erinnerung: »Auch bei meiner Konfirmation im Jahre 1948 war Tante Mathilde der Ehrengast. Dann sah ich sie manchmal in Stuttgart – ich war inzwischen Schülerin am ehemaligen Mädchengymnasium (Hölderlingymnasium) geworden, das sie aus den Jahren ihrer Lehrpraxis kannte. Sie lud mich ein zu den Vorträgen der Karl-Christian-Planck-Gesellschaft im Torhospiz. Freilich ging ich hin, als Jugendliche unter lauter alten Leuten – wie ich meinte. Ihr Thema philosophischer, ethisch-politischer Natur war schwierig und nicht das meinige. In meinem Interesse für die Kunst und für die klassischen Sprachen fühlte ich mich mit dem Urgroßvater verbunden. Das muss Tante Mathilde gespürt haben: Als ich sie im Altenheim in Ludwigsburg besuchen durfte – ich seh noch den vollen Schreibtisch – die Kopie des Donndorfschen Portraitkopfes ihres Vaters auf halbe

Höhe des Zimmers gestellt, unendlich viele Bücher, die mein
helles Entzücken hervorriefen –, vermachte sie mir eine lange
Reihe von Werken griechischer und lateinischer Schriftsteller,
die sie als letzte Erbin ihres Vaters übernommen hatte. Zum
großen Teil waren das seltene Übersetzungen ins Deutsche, die
sie auch selbst benutzt hatte. Ich nahm verwundert zur Kennt-
nis, dass *ihre* Sprachen Deutsch und Englisch waren (die ihrer
Schwester Marie Griechisch und Latein, das wusste ich). Ihren
Shakespeare konnte sie stellenweise auswendig. An manche
Bücher jedoch konnte ich nicht rankommen, ›nein, mein Kind,
das bekommt die Landesbibliothek‹. Damals ordnete sie den
gesamten Nachlass und stellte das Planck-Archiv zusammen.«
(Angelika Wetzel-Planck, 2005)

Mathilde Planck hatte ihre Erinnerungen an Ostern 1955
abgeschlossen. In ihrer nun merklich müderen, dünneren und
zarteren Greisinnenschrift ist zu lesen:

> »Aus diesen Blättern ist ersichtlich, daß in meinem Leben al-
> les spät gekommen ist und doch nicht zu spät. Habe ich nicht
> deshalb so alt werden müssen, um das nachzuholen, was an-
> dere in jüngeren Jahren geleistet haben? Wenn nun auch der
> Tod spät kommt, so darf ich die Zuversicht haben, daß auch
> er nicht zu spät kommen wird sondern in dem Augenblick,
> wo es mit der geistigen Kraft zu Ende ist, daß ich, um mit R.
> M. Rilke zu reden, meinen eigenen Tod sterben darf.«

Am 31. Juli 1955 ist sie während des traditionellen Sommer-
urlaubs im Pfarrhaushalt des Neffen Walter Planck und seiner
Frau Lisbeth in Gochsen dreiundneunzigjährig »ihren eigenen

KARL CHRISTIAN
PLANCK
PHILOSOPH
1819–1880

REINES SELBSTLOS
LICHES WIRKEN IST DEM
URSPRUNG NACH ALLES
IM SELBSTLOS LICHTEN
WOLLEN UND WIRKEN DER
EIGENGESAMTORDNUNG
IST AUCH DEIN ZIEL
OH MENSCH

Das Planck'sche Familiengrab auf dem Pragfriedhof Stuttgart mit der Büste des Vaters Karl-Christian Planck

Tod« gestorben. Sie durfte einfach einschlafen. Bis zum letzten Augenblick war sie hilfsbereit, gütig, rege und auch politisch interessiert: Sie hatte die inneren und äußeren Katastrophen Deutschlands ertragen und durchlitten, und sie fühlte sich immer noch dem Gemeinwohl verantwortlich. Ihre Asche wurde nach einer Totenfeier in Ludwigsburg im Planck'schen Familiengrab auf dem Pragfriedhof in Stuttgart beigesetzt.

Oktober 1955

Aus diesen Blättern
einem Leben alles gut ist
zu spät. Haben ich nicht zu
[...] das [...]
[...] gelüstet haben
[...] spät Gott, so der
[...] auch er nicht zu
[...] in den Augen
[...] Trost zu [...]
R. M. Rilke zu [...]
[...] Sprache.

Schluss der Erinnerungen »Lebensgang mit Umwegen« aus dem Jahr 1955 Dieses Faksimile zeigt den Text, der im vorausgegangenem Textkasten zitiert wird.

AUGUSTE PLANCK GEB.
WAGNER 1834 – 1925
KARL PLANCK
1857 – 1899
HUSNELDE GEB.
GAUPP 1861 – 1902
MARIE PLANCK
1858 – 1930
MATHILDE PLANCK
1861 – 1955
REINHOLD PLANCK
1866 – 1936
ANNA GEB. MEYER
1869 – 1946
HERMANN PLANCK
1868 – 1932
ANNE SCHOLL GEB
PLANCK 1901 – 1980
GOTTFRIED PLANCK
1930 – 2003

Die Rückseite des Planck'schen Familiengrabs auf dem Pragfriedhof in Stuttgart: mittendrin Mathilde Planck

Aus heutiger Perspektive betrachtet, kann Mathilde Plancks Wirken und Sein nur im Sinne einer Annäherung betrachtet werden. Ihre jüngere Weg- und Zeitgenossin Klara Hähnle hat der damaligen Jubilarin 1941 zum achtzigsten Geburtstag eine »urschwäbisch« liebevolle Würdigung gewidmet. Als »Epilog« soll sie diese Betrachtungen beenden: »Wir Schwaben dürfen auf Mathilde Planck stolz sein. Schwäbisch ist ihre Treue, Beharrlichkeit, schwäbisch ist, daß sie wie Schiller in zwei Welten zuhause ist, daß sie über und hinter dem Sichtbaren die Welt des Geistes (Schiller sagt: des Ideals) erkennt, und wohl oft, wie er, den Zusammenstoß mit der Wirklichkeit erlebt hat. Schwäbisch ist die Art, wie sie das eigene Ich hinter der Sache verschwinden läßt, und doch stark ist im Kampf, weil sie sich als Sachverwalterin einer höheren Welt fühlt, schwäbisch ist die Wahrhaftigkeit und Gradheit und der Glaube an die Welt des Guten.«

Zeittafel

29. 11. 1861	Geboren in Ulm, Büchsengasse 359, als viertes Kind von Auguste, geb. Wagner (1834–1925) und Karl Christian Planck (1819–1880), Gymnasiallehrer und Seminardirektor (Altphilologe) Geschwister: Karl (1857–1899); Marie (1858–1930), Adelheid, seit 1887 verh. List (1860–1894)
1866	Geburt des Bruders Reinhold (gest. 1936)
1868	Geburt des Bruders Hermann (gest. 1932)
1873	Geburt der Schwester Clara (gest. 1892)
1865–1869	Neu-Ulm
1866	Einschulung mit fünfeinhalb Jahren in die Volksschule Neu-Ulm, Schulwechsel, Schulende und Konfirmation in Blaubeuren
1869–1878	Blaubeuren. Mathilde führt neben der Schule schon sehr jung den mütterlichen Haushalt, erhält aber zusätzlichen Privatunterricht in Französisch, Englisch, Geschichte, Kirchengeschichte, Geographie. Sie liebt die Pflege des Gartens, besucht eine Nähschule
1878	Maulbronn
1880–1919	Stuttgart (Adressen: 1880–1898 Alexanderstraße 15.3, Aufenthalte in Bronnweiler bei Reutlingen und in Korntal; 1899–1901 Falbenhennenstraße 2.3; 1902–1906 Kronenstraße 44.4; 1906–1918 Danneckerstraße 21p)
1883	Gasthörerin der Ästhetikvorlesungen am Stuttgarter Polytechnikum bei Friedrich Theodor Vischer
1884	Studienseminar: Privatseminar von Fräulein von Prieser
1887	Lehrerinnenexamen in den Fächern Englisch, Deutsch und Mathematik
1905	Mathilde Planck: Unsere Bestrebungen und die modernen Erziehungsprobleme. Vortrag gehalten in der Abteilung Stuttgart des Vereins Frauenbildung-Frauenstudium, Stuttgart 1905.
1907	Die obligatorische Mädchenfortbildungsschule. Referat gehalten bei dem 1. württembergischen. Frauentag in Stuttgart am

28. Oktober 1906, Schriften des Verbandes württembergischer Frauenvereine, Stuttgart 1907

Bis 1909 Hauptberuf: Staatlich geprüfte Lehrerin, unterbrochen von zwei Krankheitsjahren u. a. am »Rothert'schen Institut« und der »Prieserei«, seit 1899 gleichzeitig auch am neugegründeten »1.Württembergischen Mädchengymnasium«, dem späteren Königin-Charlotte-Gymnasium, dem heutigen Hölderlin-Gymnasium. Nach dem Tod der Gründerin Gertrud Schwend, geb. von Üxküll-Gyllenband (1901) übernimmt sie zum Teil deren Unterricht. Marie Planck ist bis zum Ende des Schulsemesters die kommissarische Leiterin der Anstalt

Dann hauptberufliche Fortsetzung ihres Engagements als Schriftstellerin, Redakteurin und Journalistin: »Frauenberuf«, dem Pressedienst des 1873 gegründeten »Schwäbischen Frauenvereins« (seit 1898) / »Die Frauenwacht. Zeitschrift zur Förderung der Frauenbestrebungen in Württemberg, / Frauenbeilage »Die Rosa Frau« des »Neuen Tagblattes« in Stuttgart (1921–1927)

Vereinsarbeit in unterschiedlichen Vereinen der bürgerlichen Frauenbewegung: seit 1901 als Nachfolgerin der verstorbenen Gertrud Schwend langjährige Vorsitzende des Stuttgarter Ortsvereins »Frauenbildung und Frauenstudium« / 1890 Mitgründerin, von 1906–1916 Vorsitzende des »Württembergischen Lehrerinnenvereins« / Mitarbeit in der Frauenlesegruppe / Gründerin der »Stuttgarter Frauenklubs« 1908 und des Verbandes »Württembergischer Frauenvereine« 1901 / Mitbegründerin der Stuttgarter Filiale des »Nationalen Frauendienstes« 1914

Außerdem war sie Gründerin und zeitweilige Vorsitzende des württembergischen Zweigvereins der Deutschen Friedensgemeinschaft (1890) / des Vereins für Verbesserung der Frauenkleidung 1905 / der Stuttgarter Gruppe der »Abolitionistischen Föderation«/ Mitglied beim »Bund vom Blauen Kreuz« und dem »Christlichen Weltbund«

3.8.1914	Zusammen mit Frida Perlen schickt sie bei Ausbruch des Ersten Weltkrieges an Kaiser Wilhelm II. ein Telegramm mit der Bitte, den Krieg zu verhindern
Ab 1916	Vorträge und Abhandlungen über des Werk des Vaters Karl Christian Planck
1917	Arbeit und Recht im neuen Deutschland, Stuttgart 1917
1918	Der Berufsstaat nach der Rechtslehre Karl Christian Plancks, Jena 1918
1919–1930	Beuren bei Nürtingen
1919–1928	Landtagsabgeordnete Württembergs für die DDP (Mitglied seit 1914)
1919	Mitgründerin der Abteilung Frauenstudium an der Volkshochschule Stuttgart, Vorträge; Die Mitarbeit der Frau im Staat und in der Gesellschaft, Politische Aufklärungsschriften, Stuttgart 1919.3
1921	Mitgründerin mit Georg Kropp der »Gemeinschaft der Freunde« GdF , der späteren Bausparkasse Wüstenrot, GdF, Mitglied bis 1933
1922	Mathilde Planck (Hrsg.): Karl Christian Planck. Deutsche Zukunft. Ausgewählte politische Schriften, München 1922.
1929	Bau und Leitung des Mathilde-Planck-Hauses in Ludwigsburg, eines fortschrittlichen Altenwohnheimes (1936 geschlossen)
1930	Ottilie Hoffmann. Ein Beitrag zur Geschichte der deutschen Frauenbewegung, Bremen 1930
1930–1936	Ludwigsburg (Mathilde-Planck-Heim, Erlachhofstraße)
1935	Gründung der Karl-Christian-Planck-Gesellschaft zusammen mit ihrem Bruder, dem Pfarrer Dr. Reinhold Planck Winter 1935/36 Teneriffa
1936–1950	Gerlingen, Bopserwaldstraße 30; im eigenen Haus Aufbau eines Planckarchivs und Herausgabe der philosophischen Schriften des Vaters
1947	Das unsichtbare Reich, Stuttgart 1947; sowie Vom Sinn des Lebens, Stuttgart 1947
1950	Karl Christian Planck. Leben und Werk, Stuttgart 1950

1951–1955	Ludwigsburg (Geroksheim, Hintere Schlossstraße 8)
29.11.1951	Als erste Frau wird ihr das Verdienstkreuz der Bundesrepublik Deutschland zum neunzigsten Geburtstag verliehen
1954	Herausgeberin: Karl Christian Planck. Testament eines Deutschen, Ulm 1954 (verkürzte Neuauflage)
31. Juli 1955	Tod in Gochsen im Pfarrhaushalt der Familie ihres Neffen Walter und Lisbeth Planck, wo sie ihren Urlaub verbrachte; begraben im Familiengrab Karl Christian Planck auf dem Stuttgarter Pragfriedhof

Bibliographische Hinweise

Schriften von Mathilde Planck

Rezension: Dr. J. Ziegler, Die Mädchenhochschulen in Amerika. Eine Kulturstudie. Gotha 1901, in: Neues Korrespondenz-Blatt für die Gelehrten- und Realschulen Württembergs, Th. Klett/O. Jaeger (Hrsg.), Stuttgart 1902, 9. Jg., S. 110 f.

Unsere Bestrebungen und die modernen Erziehungsprobleme. Vortrag gehalten in der Abteilung Stuttgart des Vereins Frauenbildung-Frauenstudium, Stuttgart 1905.

Die Frauen in der kommunalen Schulverwaltung, Referat gehalten bei dem 1. württembergischen Frauentag in Stuttgart am 28. Oktober 1906, Stuttgart 1907.

Die obligatorische Mädchenfortbildungsschule. Referat gehalten bei dem 1. württembergischen. Frauentag in Stuttgart am 28. Oktober 1906, Schriften des Verbandes württembergischer Frauenvereine, Stuttgart 1907.

Die Lehrberufe, in: Eugenie von SODEN (Hrsg.): Das Frauenbuch. Eine allgemeinverständliche Einführung in alle Gebiete des Frauenlebens der Gegenwart, Bd. 1, Stuttgart 1913, S. 13-36.

Arbeit und Recht im neuen Deutschland, Stuttgart 1917.

Der Berufsstaat nach der Rechtslehre Carl Christian Plancks, Jena 1918.

Karl Christian Planck. Deutsche Zukunft. Ausgewählte politische Schriften, München 1922 (als Herausgeberin).

Die Mitarbeit der Frau im Staat und in der Gesellschaft. Politische Aufklärungsschriften, 3. Aufl., Stuttgart 1919.

Ottilie Hoffmann. Ein Beitrag zur Geschichte der deutschen Frauenbewegung, Bremen 1930.

Worte des Abschieds: gesprochen an der Bahre von Sophie Reis am 28. Mai 1930 in Stuttgart, Stuttgart 1930.

Die Alkoholfrage in der Gesetzgebung. Alkoholfrage, 2. Aufl., Leipzig 1931.

Vom Sinn des Lebens, Ulm 1947.

Das unsichtbare Reich, Stuttgart 1947.

Karl Christian Planck. Leben und Werk, Stuttgart 1950.

Karl Christian Planck. Testament eines Deutschen, Ulm 1954 (verkürzte Neu-
auflage) (als Herausgeberin).

Elsbeth Stockmayer (Hrsg.): Mathilde Planck. Erinnerung und Auszüge aus
ihren Werken, Ludwigsburg 1959.

Quellen und Sekundärliteratur

Eugenie von SODEN (Hrsg.): Das Frauenbuch. Stellung und Aufgaben der
Frau im Recht und in der Gesellschaft, Bd. 3, Stuttgart 1914.

Verhandlungen des Landtags des Freien Volksstaates Württemberg auf dem 1.
ordentlichen Landtag in den Jahren 1920/1923. Protokollband
6, Protokolle vom 30. Januar bis 28. Juli 1923, 167.–206. Sit-
zung, Stuttgart 1923.

Rede von Klara Hähnle, der Nachfolgerin von Mathilde Planck als Vorstand des
Allgemeinen Württembergischen Lehrerinnenvereins zum 80.
Geburtstag Mathilde Plancks am 29. November 941, Stuttgart
1941.

Klara NESTLE: Mathilde Planck und ihr Vater, der Philosoph Karl Christian Planck, Mitteilungsblatt der Lehrerinnenvereinigung,
14.06.1961, Stuttgart 1961.

Anna HAAG: Ein Leben der Mitverantwortung. Mathilde Planck – Ein Gedenk-
blatt zu ihrem 100. Geburtstag am 29. November 1961, Stuttgarter Nachrichten, Für die Frau, 25.11.1961.

Irmgard HAMPP: Mathilde Planck zum hundertsten Geburtstag, Sendung des
Süddeutschen Rundfunks vom 27. November 1961.

Klara NESTLE (Hrsg.): Der Philosoph Karl Christian Planck. Leben und Werke,
erzählt von Klara Nestle, Blaubeuren 1975.

Klara NESTLE: Karl Christian Planck. Philosoph, Prophet und Vorbild, Ulm
1980.

Maria W. BLOCHMANN: Lass Dich gelüsten nach der Männer Weisheit und
Bildung. Frauenbildung als Emanzipationsgelüste, 1800–1918,
Pfaffenweiler 1990.

Hannes MEHNERT: Mathilde Planck, in: Birgit Knorr/Rosemarie Wehling

(Hrsg.): Frauen im deutschen Südwesten, Stuttgart 1992, S. 292–298.

Adolf PALM: Mathilde Planck, Wegbereiterin der Frauen- und Friedensbewegung, 1861–1955, in: Lebensbilder aus Baden-Württemberg, Bd. 18, hrsg. von Gerhard Taddey und Joachim Fischer im Auftrag der Kommission für geschichtliche Landeskunde, Stuttgart 1994, S. 418–446.

Mascha Riepl-Schmidt: Mathilde Planck. Gegen jede Falschheit, in: Maja (d. i. Mascha) Riepl-Schmidt: Wider das verkochte und verbügelte Leben. Frauenemanzipation in Stuttgart, 2. Aufl. Stuttgart/Tübingen 1998, S. 150–156.

Mascha RIEPL-SCHMIDT: Die ersten 40 Jahre des Hölderlin-Gymnasiums, in: 100 Jahre Hölderlin-Gymnasium-Stuttgart, Stuttgart 1999, S. 21–47.

Mascha RIEPL-SCHMIDT: Mathilde Planck, 1861–1955, Menschen aus dem Land Nr. 8, hrsg. von der Landeszentrale für politische Bildung Baden-Württemberg, Stuttgart 2005.

Mascha RIEPL-SCHMIDT: Zwischen allen Stühlen. Henriette Arendt, die erste Polizeiassistentin Stuttgarts und des Deutschen Reiches von 1903–1909, in: R. Johanna REGNATH/Mascha RIEPL-SCHMIDT/ Ute SCHERB (HRSG.): Eroberung der Geschichte. Frauen und Tradition, Hamburg 2007, S. 129–142.

Nachlass Mathilde Planck, Württembergische Landesbibliothek Stuttgart, cod. hist. qt. 767.

Abbildungsnachweis

Archiv Angelika Wetzel-Planck: Einbandabbildung, S. 2, 19, 21, 24, 48, 89, 91, 106

Archiv des Hölderlin-Gymnasiums Stuttgart: S. 29

Landtagsarchiv Baden-Württemberg: S. 72/73

Mascha Riepl-Schmidt: S. 111/112

Wirtschaftsarchiv Baden-Württemberg: S. 84/85, 108

Württembergische Landesbibliothek Stuttgart: S. 8/9

Aus der Reihe

»Prägende Köpfe aus dem Südwesten«

Band 1:
Claus von Stauffenberg. Zeuge im Feuer

Der Anschlag des Claus von Stauffenberg im Berliner Bendlerblock unter dem Decknamen Operation Walküre vereinte Militär und bürgerliche Oppositionelle in ihrer ganzen Breite, Viel-falt und Widersprüchlichkeit gegen das NS-Regime.

Claus von Stauffenberg. Zeuge im Feuer
von Peter Steinbach
128 Seiten mit 12 s/w Abbildungen
ISBN 978-3-87181-709-0

Aus der Reihe
»Prägende Köpfe aus dem Südwesten«

Band 2:
Friedrich Ebert. Demokrat und Staatsmann

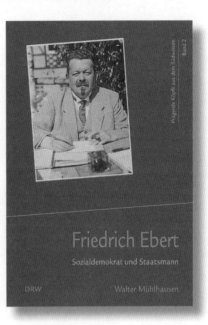

Friedrich Ebert trat am
9. November 1918 in einer
ausweglosen Situation als
Reichskanzler und damit
als erstes demokratisches
Staatsoberhaupt überhaupt
in die politische Verantwortung.

Friedrich Ebert. Sozialdemokrat und Staatsmann
von Walter Mühlhausen
128 Seiten mit 19 s/w Abbildungen
ISBN 978-3-87181-710-6

Aus der Reihe

»Prägende Köpfe aus dem Südwesten«

Band 3:
Eugen Bolz. Zwischen Pflicht und Widerstand

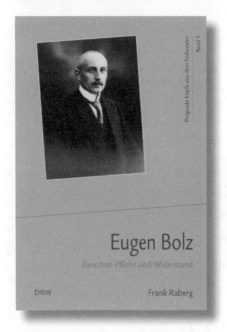

Das demokratische Vermächtnis keines anderen Politikers ist nach dem Zweiten Weltkrieg so beschworen worden wie das von Eugen Bolz, der zum identitätsstiftenden „Gründungsfundus" der

Eugen Bolz. Zwischen Pflicht und Widerstand
von Frank Raberg
Ca. 128 Seiten mit ca. 16 s/w Abbildungen
ISBN 978-3-87181-716-8

Aus der Reihe

»Prägende Köpfe aus dem Südwesten«

Band 5:
Ferdinand Nägele. Schlossermeister und Demokrat

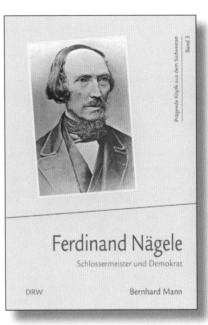

Als Ausnahmeerscheinung seiner Zeit war der Murrhardter Schlossermeister Ferdinand Nägele der einzige Handwerker, der in die Frankfurter Nationalversammlung gewählt wurde.

Ferdinand Nägele. Schlossermeister und
Demokrat
von Bernhard Mann
128 Seiten mit 10 s/w Abbildungen
ISBN 978-3-87181-726-7